Paris

1665

**Du Roure, Jacques**

***Abrégé de la vraye philosophie, lequel en contient...les définitions, les divisions, les sentences et les questions principales***

Ad usum
Fratris [illegible] Spiritini
cum permissu Superiorum

# ABREGÉ
# DE LA VRAYE
# PHILOSOPHIE,

Lequel en contient avéque les ſix Parties & leurs Tables: Les Définitions, les Diviſions, les Sentences, & les Queſtions principales.

*Par* DV ROVRE.

A PARIS,
CHEZ L'AVTEVR.

Avéque Privilége du Roy.

1665.

*Decrevi Philosophari, ut Neoptolemus apud Ennium, Paucu. Nam, omnino: haut placet.*

Comme Neoptoleme dans Ennius, j'ay fait dessein de m'attacher à une Philosophie qui ne soit pas longue. Celle qui l'est, ne me plait point. *&c.*

# AVERTISSEMENT.

I'Apelle Abregé, *la Philosophie que vous lisez ic, : Et c'ét un Titre commun à toutes celles que l'on enségne. Les mots qui suivent, Abregé de la* vraye Philosophie *sont plus particuliers, quoy que ie ne sache personne de ceux qui en parlent, qui ne se les attribuë. Souvent mémes ils donnent ce nom à une sorte de Doctrine, qui ét pléne de vieilles ou nouvelles faussetez : & qui n'ét vraye que hors de propos, & sur des sujets tirez des Mathematiques, de la Medecine, ou d'ailleurs. Si i'avois composé un ouvrage de quelque semblable façon ; ie ne tâcherois pas seulement comme i'ay fait, de le mettre en petit : mais à rien. Vne autre des principales choses, que ie vous prie de remarquer, c'ét que ma Philosophie ét sans Secte : sinon que la fortune, ou si l'on peuvoit sans envie parler ainsi, le merite l'en rende chef. Pour les parties & la maniere de cét Abregé, vous en ingerez assés en le lisant. Vous verrez par* exemple, que quelques Parties qu'il contient sont utiles d'elles-mémes, comme la Morale : Et que les autres comme la Physique, sont utiles seulement par leur aplication. Vous verrez que ie mets à la fin de châque Partie, ses Axiomes ou ses communes Sentences, pour confirmer également ce que l'on y a dit & ce que l'on en peut dire. A toutes ces considerations j'ajoûteray encore celles-cy: Que nul ne doit avoir d'atachement irrevocable, ni pour lui ni pour qui que ce soit, lors qu'ailleurs les choses sont plus evidentes ou plus vray-semblables. Que, quand les Loix, & generalement les volontez des Hommes sont contraires, les dernieres abrogent les autres. Que si quelquefois on fait comme les Peintres, & que l'on copie ou des copies, ou des originaux: apres, on peut travailler de soy-méme: En quoy il n'y a ce me semble, rien que vous n'aprouviez; au moins si c'est vous que ie connois & que i'estime.

ABREGE'

# ABREGE'

DE LA VRAYE

# PHILOSOPHIE.

## DISCOVRS GENERAL sur la Philosophie, & les autres Arts Liberaux.

## LES SIENCES.

### TABLE.

*On divise les Siences par leurs objets, en Siences de la Parole & des Choses. Par leur étenduë, en Sience Vniverselle & Particulieres. Par leur dignité, en Arts Liberaux & Mechaniques.*

I. PROPOSITION.

DANS ce qu'on appelle Doctrine & Enseignement, on peut aprendre à parler, ou les choses dont on parle.

2. Pour les Paroles ou les Langues, la Grammaire montre à les entendre,

à les prononcer, à les lire, & à les écrire.

3. La Rhetorique montre ce qu'il y a encore de necessaire, à quiconque veut persuader.

4. Entre toutes les Langues vivantes, la Françoise nous ét la plus necessaire: & la Latine entre les autres.

5. Pour les Choses, on les aprend generalement dans la Philosophie: & en particulier, dans le reste de ce qu'on apelle Siences & Arts, & qu'on fait dépendre de la Philosophie. Ainsi dans les Mathematiques, on aprend en particulier la quantité.

6. Ces mots, *Siences & Arts*, signifient souvent la méme chose. Quelquefois neanmoins, on nomme *Arts* toutes sortes de doctrine, où l'on traite des paroles & des actions des Hommes: & *Siences*, celles où l'on traite des autres choses, principalement si l'on en traite aveq quelque évidence.

7. Il y a trois sortes d'Evidence. L'vne Morale, quand le contraire n'arrive pas ordinairement. L'autre Physique, quand le contraire n'arrive iamais. La derniere Metaphysique, ou Absoluë, quand le contraire ne peut arriver.

8. De ces trois Propositions: Cet Homme mourra devant cent ans, il

mourra, il peut mourir : La premiére ét certaine & évidente Moralement, la deuxiéme Physiquement, la derniére Absolument.

9. L'ancienne division des Arts, ét en Liberaux & Mechaniques, Les Arts Liberaux sont les Arts ou les Siences dignes des personnes libres. Les Arts Mechaniques, sont ceux qui ont besoin de machines ou d'instrumens, qu'on mettoit autrefois entre les mains des esclaves : & aujourd'huy entre celles des personnes, qui pour en user n'ont pas besoin de grand esprit, & de qui l'on achette les ouvrages & non pas l'Art.

10. Si l'on ne reçoit que sét Arts Liberaux, ils peuvent étre ceux-cy. La Grammaire, la Rhetorique, la Philosophie, les Mathematiques : la Theologie, la Iurisprudence, & la Medecine. Les quatre premiéres conviennent à toutes sortes de professions : les trois autres à certaines professions.

11. Il ne faut pas que les mots nous trompent, ni icy ni ailleurs. Plusieurs Arts Mechaniques, sont plus necessaires & plus estimables que d'autres, auxquels on donne un plus noble nom.

# DISCOVRS

# LA SIENCE Vniverſelle, OV LA PHILOSOPHIE,

*Dont ie raporte la neceſſité, la notion, les parties, l'ordre, & les Auteurs : auxquels i'avertis de ne s'atacher qu'avec choix.*

12. L'Importance & la breveté de la vie doivent perſuader à châcun de s'étudier à celles de toutes les ſortes de Siences ou d'Arts, que châcun juge les plus utiles & les plus conſiderables, & à la Philoſophie principalement. Puis que non ſeulement elle les contient toutes, mais qu'elle peut encore chaſſer de la vie, la plus grande partie des incommoditez qui la troublent, comme les mauvais raiſonnemens, les mauvaiſes mœurs, & d'autres deffaux.

13. La Philoſophie ét la Sience Vniverſelle des choſes. I'apelle icy *Sience*, un raiſonnement évident, & duquel on ne peut douter. Ce mot *Vniverſelle* diſtingue la Philoſophie des autres Siences, qui ſont particuliéres, & qui ne traitent que d'une ſorte d'objets. I'ay ajouté, *des choſes*, parce que la Philoſophie ne

s'atache qu'à elles, & non pas par exemple aux opinions que l'on en a.

14. La division de la Philosophie en six parties, apellées Hexilogie, ou Discours sur les siences & les habitudes, Metaphysique, Logique, Morale: Theologie naturelle & Physique, ét prouvée par ce raisonnement. La Philosophie considere ou les choses par lequelles nous savons, c'ét à dire les Siences mémes, dans sa premiere partie : ou dans les suivantes, les choses que nous savons: & elle les considere ensemble, ou separément.

15. Ensemble: ou absolument dans la Metaphysique, ou comme vrayes dans la Logique, ou comme bonnes dans la Morale. De sorte que ces deux Siences mémes, traitent de toutes choses: mais par raport aux connoissances & aux volontez, que nous en pouvons avoir.

16. Separément, dans la Theologie naturelle & dans la Physique: L'une a pour objet les choses spirituelles, & l'autre les corporelles.

17. Châcun peut commencer cette Philosophie, & souvent les autres Siences, par l'endroit qu'il veut. De sorte qu'il ne doit presque pas considerer, où

il aprend les choses, mais s'il les aprend: & s'il supose ou s'il tâche de savoir en peu de mots, les autres plus simples, qui pouroient les preceder.

18. Il faut remarquer qu'entre les Auteurs innombrables de la Philosophie, on n'en doit beaucoup estimer que tres-peu : ni en lire méme les Livres, qu'aprés que l'on a aquis un certain esprit de discernement : & qu'on sait distinguer les choses vrayes & claires : utiles & propres à la Philosophie, des choses fausses ou du moins obscures : enfin de celles qui ne sont ni utiles ni propres, sinon à quelques parleurs obstinez, ou à quelques personnes d'ailleurs interessées.

19. Ceux qui apres la Philosophie presqu'entiére, changée ou renouvellée depuis quelques années, enseignent seulement l'autre, perdent & font perdre le temps. Ajoutez, qu'encore que rien ne soit plus commun, que la fausse Philosophie ou ancienne ou nouvelle, rien neanmoins ne corrompt davantage l'esprit.

20. Parce que nul ne se persuade facilement que la Philosophie, ou generalement la Sience qu'il faut rejetter, soit la sienne : ie raporteray icy trois princi-

pales marques, de celle que chacun doit tâcher d'aprendre. 1. Ses principes sont évidens. 2. Ses consequences sont necessaires. 3. Elles sont aplicables aux plus importans usages de la vie humaine, comme à la santé & aux choses qui la conservent, &c.

## LES SIENCES Particuliéres,

*Traitent ou des choses futures, savoir la Theologie ; ou des choses presentes, que les Mathematiciens enseignent, si elles sont communes. Si elles sont propres à l'Homme, on les aprend dans la Jurisprudence, dans l'Art Militaire, & dans les autres Arts.*

21. CE dequoy les Siences particuliéres traitent, les peut distinguer. Car la Theologie seule a pour objet les choses qu'on espere, au lieu que les Siences naturelles ont un objet présent.

22. Cet objet des Siences naturelles, ét de deux sortes. L'un ét commun, & l'autre ne l'ét pas. Le premier ét commun, ou à toutes les choses, savoir l'unité & le nombre, dont les Arithmeticiens nous instruisent ; ou à toutes les

choses corporelles, savoir les grandeurs, qu'examinent les Geometres.

23. L'Arithmetique & la Geometrie reçoivent le nom de Mathematiques pures, parce qu'elles enseignent purement & precisément ce que nous avons dit : au lieu que dans les Mathematiques impures, on considere encore d'autres choses. Dans l'Astronomie par exemple, aveq le nombre & la grandeur des Astres, on considere leur mouvement.

24. Tout ce qu'il y a encore de Doctrine particuliére, a un objet moins commun & propre seulement aux Hommes. Surquoy il faut remarquer, 1. que ce qui leur nuit, ce sont ou les Hommes mémes, ou les autres causes. 2. que nous sommes protegez contre les Hommes ou par la raison, ou par les armes. 3. que nous aprenons l'une dans la Iurisprudence, & les autres dans l'Art militaire.

25. Pour les causes, qui nuisent aux Hommes, & qui ne sont pas les Hommes mémes : les Arts dans lesquels on en traite, regardent ou la necessité, ou le seul divertissement. Et comme la Medecine nous défend des maladies : aussi l'Agriculture, le Commerce, & plusieurs autres Arts, nous défendent encore de plusieurs autres incommoditez.

16. Les Arts de divertissement sont la Peinture, la Musique & les Instrumens, la Danse, les Ieux.

## AXIOMES.

*Ou speculatifs, qui concernent l'inclination aux Siences, leur origine, & leur raport : ou pratiques, qui montrent ce qu'il faut aprendre, l'exercice qu'il faut faire : les sentimens & les paroles qu'il faut avoir.*

1. Tous les Hommes aiment naturellement la Sience. 2. Les Arts suposent quelque connoissance precedente. 3. La Sience des choses semblables & oposées ét la méme. 4. Aprenez quand vous étes jeune ce que vous voudriez savoir, quand vous serez vieux. 5. Tâchons d'abreger l'Art & d'alonger la vie. 6. Que châcun exerce ou publiquement ce qu'il sait; ou en particulier ce qu'il veut & doit savoir. 7. Parlons comme plusieurs parlent : mais n'ayons les sentimens & la sagesse que de peu de gens.

*Fin du Discours General sur les Siences.*

# METAPHYSIQVE.

## Ce qui êt Connoiſſable. Et premierement l'Etre enſemble, & le Non-étre.

### TABLE.

*Les diviſions de ce qui êt Connoiſſable, ſont tirées, ou de luy-méme, que l'on conſidére ſelon ſon exiſtence, ſa neceſſité, ſon univerſalité, & ſon ordre; ou des Hommes, de qui l'on conſidére les penſées, les volontés, les paroles, & l'action.*

### 1. PROPOSITION.

CE que nous pouvons connoitre, & ce dequoy nous pouvons juger & parler, êt 1. un Etre, par exemple nous-mémes. 2. Vn Non étre, par exemple nôtre amy deffunct, & generalement tout ce qui êt paſſé, aveq tout ce qui êt avenir. 3. L'étre enſemble & le non-étre, par exemple tout ce qu'on nomme imparfait.

2. Les choses qui sont ou les étres, conviennent ou different ensemble: comme, l'Empereur d'Orient & d'Occident. Secondement les choses, qui ne sont pas, conviennent ou different encore entr'elles : comme Darius & Alexandre. Troisiémement les choses qui sont, & les autres, ou elles-mémes entant qu'elles ne sont pas: comme la Philosophie d'aujourd'huy, & la Philosophie des Anciens, Nous qui sommes, & nous qui ne serons pas. La Fortune qui nous a favorisés, & la Fortune qui ne nous favorise plus.

3. Les choses oposées à elles-mémes reçoivent le nom de Privatives, de Contraires, de Sous-contraires, ou de Contradictoires, selon la maniére de leur oposition.

4. L'Etre & le Non-étre oposés dans l'étre ou dans le sujet, sont privatifs : par exemple la sience & l'ignorance dans l'esprit de l'Homme; la veuë & l'aveuglement dans l'Animal.

5. Ce qui reste d'étre & de non-étre ét oposé hors du sujet, & reçoit le nom de Contraire, si c'ét vn Tout oposé à luy-méme : comme tout Homme vit, tout Homme meurt. Les Sous-contraires sont ses parties, comme la vie de Milon,

Milon, & la mort de Clodius. Les Contradictoires sont un tout & une de ses parties : comme toutes choses sont périssables, quelque chose n'ét pas périssable.

6. On apelle Subalternes deux étres, par exemple, tout Homme & quelque Homme ; ou deux non-étres, dont l'un contient l'autre, comme la mort en general, contient en particulier celle de Seneque.

7. L'oposition des choses singuliéres qui sont & qui ne sont pas, comme du Sage qui vivra & qui ne vivra point, peut étre raportée entre les contraires, & les sous-contraires.

8. Vne autre division des choses ét en Contingentes : & Necessaires, qui ne peuvent n'étre pas, ou sans qui les autres ne peuvent étre.

9. Leur troisiéme division ét en Tout & Partie. On apelle Tout une ou plusieurs choses separées des autres, comme une Armée, la défaite d'une Armée, & la pensée méme que nous en avons. On apelle Partie, une chose jointe à une autre: comme un Bataillon ét joint à une Armée, un bras de Riviére à la Riviére.

10. Vous pouvés encore nommer Tout, une ou plusieurs choses, que vous

considerés seules : & Partie, une ou plusieurs choses que vous considerés aveq d'autres. Ainsi le Globe terrestre ét un tout, ou une partie, selon que vous en traités aveq d'autres choses, ou sans elles.

11. L'ordinaire definition du Tout ét, Ce à quoy il ne manque rien de ce qu'il doit avoir : qui ét encore celle de ce qu'on nomme Parfait.

12. Les Parties sont ou integrantes, comme les piez & les mains, sans quoy l'on pouroit étre : ou essentielles, comme le tronc du corps.

13. Le Tout ét, ou actuel dont toutes les parties doivent étre : ainsi nous n'apellons pas un habit, de ce nom d'habit, qu'il n'ait tout ce qu'il doit avoir : ou en puissance, comme les Hommes, dont les uns sont & les autres ne sont pas, mais peuvent étre. L'universel par essence, lequel toutes les Siences considerent, ét un Tout de cette sorte.

## L'VNIVERSEL.

14. On le nomme ainsi, parce qu'il ét un vers plusieurs : ou un & plusieurs, comme la ressemblance ou l'unité, & la multitude des Hommes, & des autres

choses universelles, font voir.

15. On le nomme Vniversel par essence, afin de le distinguer de deux autres : savoir 1. de l'Vniversel par representation, qui ét un mot, ou une pensée, ou generalement un signe, qui represente plusieurs choses semblables, comme quand on dit ou que l'on peint une Ville. 2. de l'Vniversel par production, qui ét une cause de plusieurs diferans effets, tel qu'ét l'air renfermé dans une orgue, qui en produit tous les diferans sons.

16. Ie prouve que l'Vniversel par essence, ét toute une multitude de choses semblables, par ce raisonnement. L'Vniversel n'ét ni une chose singuliére, ni plusieurs choses seulement. Il faut qu'il soit donq une multitude de choses: non pas differentes, que nous ne pouvons comprendre, ni en une méme idée, ni en un méme discours : mais semblables.

17. Si ces choses sont parfaitement semblables, elles établissent l'Espece: comme l'Homme, l'Ame, la puissance de rire, la blancheur. Si imparfaitement, elles établissent le Genre, comme le sens, la couleur.

18. Le Genre, par exemple l'Animal

contient les Especes, savoir les Hommes & les bêtes. Les Especes contiennent les Individus, ou les choses qu'on ne peut diviser en plusieurs de méme sorte, par exemple Alexandre, Bucephale.

19. Le Genre ét ou premier, savoir ce qu'on apelle Connoissable : ou dernier, comme le triangle : ou moyen & subalterne, par exemple le corps : ou enfin moyen & dernier, comme l'Animal à l'égard des bêtes & des Hommes.

20. Encore que le Genre & l'Espece contiennent tout ce qu'on apelle Vniversel, on en peut neanmoins distinguer de cinq sortes, en la façon qui suit. Toute nôtre Sience tend à connoitre la convenance & la difference des choses: l'une & l'autre dêquelles consiste dans l'essence ou les accidens de ces mémes choses. La convenance essentielle reçoit le nom d'Espece ou de Genre, selon qu'elle ét parfaite ou imparfaite. La convenance accidentelle, ét ce qu'on apelle Accident commun. La difference essentielle retient le nom de Difference: mais l'accidentelle, prend celuy de Proprieté.

21. Il y a trois sortes de Diference, Generique, Specifique, Singuliere : selon

qu'elle convient au genre, à l'espece, ou à l'individu. Elle ét encore, ou Simple & exprimée par une seule idée & par un seul mot: ou Composée, comme la difference de cette Philosophie, qui ét tirée de la cause, du lieu, du temps, de la façon, & de semblables choses.

22. Les proprietez sont de quatre sortes. Les premiéres conviennent à leurs seuls sujets, mais non pas à tous. Les secondes leur conviennent à tous, mais non pas à eux seuls. Les troisiémes leur conviennent à tous & à eux seuls, mais non pas toûjours. Les derniéres leur conviennent à tous, à eux seuls, & toûjours. Les exemples qu'on a accoûtumé d'en raporter & d'attribuer à l'Homme, sont étre Philosophe: avoir la téte élevée: l'avoir couverte de cheveux blancs: rire.

23. La cause pourquoy l'Vniversel ét plus connu que ses inferieurs, ét que pour le connoitre, il ne faut pas le distinguer de tant de choses. Ainsi pour connoitre la maladie, il faut la distinguer seulement de la santé: mais pour connoitre les maladies des yeux, il faut encore les distinguer & entr'elles & des autres. Par là on peut voir ce que l'experience montre d'ailleurs assés: Qu'or-

dinairement nous sommes tous savans en general, & ignorans en particulier.

## LES CHOSES INFINIES ET FINIES: VNE ET PLVSIEVRS, &c.

24. On peut en quatriéme lieu diviser les choses en Infinies, lors qu'il y a toûjours à prendre, & Finies. Les choses infinies le sont en Nombre, ou Eqnivalemment.

25. Si les parties de l'Infini en nombre sont égales, on l'apelle infini simplement, par exemple une ligne composée d'infinis pouces. Si elles croissent ou décroissent toûjours, Infini en puissance, comme le temps passé depuis la fondation de Rome. Le temps avenir.

26. L'infini peut avoir des bornes, comme il paroit non seulement dans l'infinité d'animaux, imaginables ou possibles entre la Fourmi & l'Homme: mais encore dans une étenduë infinie & croisée.

27. Vn nombre infini ét toûjours égal à un autre nombre infini. Car puis qu'en tous il y a toûjours à prendre, leurs unitez ne peuvent s'épuiser les unes les autres.

28. Voicy la cinquiéme division de

ce que nous pouvons connoitre. Il ét ou Vn, soit simple qui n'a point de parties, comme la pensée : soit composé, qui a ses parties unies par exemple un Livre. Ou Plusieurs, c'ét à dire plusieurs fois un, par exemple deux Livres.

29. La pluralité ét ce qu'on nomme aussi Distinction, soit des negations, ou des êtres. Ces derniéres sont ou entre les substances, ou entre les accidens, ou entre la substance & l'accident.

30. On sait que les choses sont distinguées, par la separation du lieu ou du temps : laquelle est reciproque, ou seulement d'un côté.

31. La distinction ét ou entiére, parfaite, & aveq exclusion, par exemple entre deux bâtimens : ou imparfaite & sans exclusion, par exemple entre une maison & une de ses chambres.

32. La Distinction de connoissance, par laquelle une chose ét distinguée d'elle méme, ét impossible & contradictoire. Et non seulement ces mots, par exemple, *Animal & Homme*, sont distingués réellement : mais les objets signifiés, savoir l'Homme d'un côté ; & l'Homme aveq les bétes de l'autre.

33. Cela n'empéche pas qu'on ne dise que l'Homme ét un animal, ou qu'il a

du sentiment, ou enfin que la multitude des animaux le contient. Cela n'empéche pas non plus, qu'on ne distingue l'Homme qui peut raisonner de l'Homme qui peut rire: puis que les choses obliquement signifiées, savoir la raison & le ris, sont diferentes.

34. La pluralité encore ét ce qu'on nomme Quantité, ou Continuë, si ses parties sont jointes: ou si elles ne le sont pas, Separée.

35. La sixiéme division des choses ét en Successives, dont toutes les parties se suivent, comme on voit dans le mouvement, ou dans l'ombre méme de celuy qui marche: dans une multitude de pensées, &c. Et Permanentes, qui sont toutes ensemble.

36. Quelles qu'elles soient, on les divise encore en Commencement, Milieu, & Fin.

37. La huitiéme division ét en étre Réel, qui ét: & étre de Raison, qu'on estime étre sans qu'il soit: comme la pesanteur de toute la masse de la Terre.

38. On nomme Vray, ce qui n'a pas seulement l'aparence, mais la nature & les proprietés des choses. Ce qu'on nomme Faux luy ét oposé: comme l'orpeau à l'or, & la pâmoison à la mort.

39. Les choses sont encore ou Signifiées, ou Signifiantes & signes : comme les pensées, les mots, les tableaux.

40. Le signe Vnivoque ou Synonyme, represente plusieurs choses semblables, l'Equivoque plusieurs choses diferentes, & l'Analogue plusieurs choses en partie semblables & en partie diferentes, comme le mot de pié qu'on attribuë aux choses vivantes & inanimées.

41. L'analogie d'Attribution ét propre aux choses, dont une seule a le fondement de son raport. Ainsi nous avons seuls la santé, qu'on attribuë encore à la couleur & aux medecines, lors qu'on les apelle saines. L'analogie de Proportion ét dans les choses, dont chacune a le fondement de son raport : ainsi les Plantes & les Hommes, ont leurs vertus.

42. Ce qui convient, c'ét à dire ce qui conserve, ét Bon : & ce qui détruit, Mauvais.

43. La douziéme division ét celle des choses, qui sont & de qui l'on parle, comme le païs des Gaules : qui sont & de qui l'on ne parle pas, comme toutes les choses secrettes, ou entierement inconnuës : qui ne sont pas & de qui l'on parle, comme la Republique de Thomas

Morus. Quelques-uns ajoutent une quatriéme sorte de choses, qui ne sont pas & de qui l'on ne parle pas. Tels sont trois Hemispheres en un Globe.

44. Ce que nous connoissons, ét en dernier lieu ou indépendant des Hommes: ou dépendant, comme tout ce que nous apellons artificiel.

## L'ETRE.

*Je raporte 1. les especes de l'être, la substance & l'accident: l'être par soy & par accident, l'être absolu & relatif. 2. Ses principaux atributs, savoir ceux de principe, de nature, d'existence, & de subsistance.*

45. ON nomme Etre une chose qui ét: & nous savons qu'une chose ét, ou par elle-même, quand c'ét nôtre connoissance, ou par l'impulsion qu'elle imprime à nos sens. Nous savons qu'elle n'ét pas, par la repugnance qu'elle a aveq quelque autre chose, qui ét.

46. L'être ét ou subsiste toûjours, au moins depuis qu'il a commencé, & on l'appelle Substance: où il n'ét pas toûjours, mais change ou peut changer, & on l'appelle Accident, ou mode & façon,

parce qu'il arrive à la substance & qu'il la diversifie : qui ét la raison pourquoy une substance qui arrive à une autre substance, ét apellée son accident. L'accident méme, s'il ét principalement consideré, reçoit le nom de substance: comme quand nous disons, la Substance d'une affaire.

47. Il y a une troisiéme sorte d'étre, qui ét en partie substance & en partie accident, par exemple une maison : & on le connoit par les deux autres.

48. La substance ét ou Connoissante, ou Etenduë. On peut se representer trois sortes de substances Connoissantes, ou d'Esprits. L'une parfaite, qui ét Dieu: & les autres imparfaites, savoir l'Ame raisonnable en nous, & les Intelligences hors de nous.

49. Le Corps ét ce que i'ay encore apellé Substance étenduë : & étenduë en longueur, largeur, & profondeur.

50. Il ét ou simple & sans diversité de parties, nommé Element : ou Composé & miste.

51. Le corps Simple ét de trois sortes: Subtil, Moyen, Grossier. On peut apeller le premier Feu, & le deuxiéme Air. Le troisiéme contient l'Eau & la Terre.

52. Le feu, l'air, & l'eau sont liquides,

la terre dure. Et ce qui distingue les trois premiers corps entr'eux, ét la grosseur & le mouvement de leurs parties.

53. Le corps Composé ét ou Animé, ou Sans ame. Lors qu'on dit icy un corps animé, on veut dire un corps, ou nourri par quelques sucs, savoir les Plantes : ou encore agité par quelques objets deliez, comme par la lumiere, par les sons, par la saveur : savoir les Animaux.

54. L'accident des Esprits ét Connoitre & Vouloir. Ceux des corps, sont le Mouvement d'un lieu à l'autre, le Repos oposé à ce mouvement, enfin la Disposition des parties, selon leur grandeur, leur situation, & leur figure.

55. Entre ces accidens les quatre premiers sont des Qualitez. Pour les trois autres, plusieurs les apellent Quantité, ou les raportent à elle.

56. L'arrangement des choses disposées de cette façon, ou de quelqu'autre semblable, ét ce qu'on nomme Categorie, ou Predicament : qui ét ou un, contenant tout ce qu'on apelle Connoissable : ou triple, contenant l'étre & le non-étre que quelques-uns apellent choses Transcendantes, puis la Substance & l'Accident.

57. Les

57. Les dix Categories anciennes sont les suivantes, La Substance, la Quantité, la Qualité, la Relation, l'Action, la Passion, le Lieu, la Situation, le Temps, Avoir. On les voit dans cette description. Silene ét 1. un Homme. 2. Grand de corps. 3. Rouge de visage. 4. Differant des autres & de luy-méme. 5. Faisant, 6. & Soufrant beaucoup de maux, 7. Dans sa caverne, où 8. il ét Couché, 9. Présentement, 10. & où il A une coronne à ses piez.

58. Voicy la preuve, ou l'explication de ce dénombrement. Toutes choses sont ou Substances ou Accidens. Les accidens sont absolus, ou relatifs. Les accidens absolus sont, ou communs, savoir la Quantité : ou particuliers, savoir la Qualité. Les accidens relatifs sont ou la Relation generalement considerée : ou la relation aux Causes, aux Temps, aux Lieux, & aux autres Circonstances.

59. Les termes Vniversels & Categoriques different, en ce que les premiers conviennent seulement à la multitude, & les autres conviennent mémes aux choses singuliéres, qu'elle comprend.

60. La seconde division de l'étre ét en celuy que l'on apelle Par soy, & celuy

que l'on apelle Par accident. Le premier ét ou la substance, ou la substance avéque l'accident qui vient comme de luyméme, par exemple vne Plante. L'autre ét comme la blancheur, la maison, &c.

## LA RELATION.

61. Vne autre division de l'être ét en Absolu, que l'on entend sans le raporter à un autre, qui ét la façon dont nous concevons l'être méme : & Relatif, savoir relatif ou à nous, comme ce qu'on nomme clair, obscur, aimable, odieux, droit, gauche : ou encore aux autres choses, comme la cause & l'effet.

62. On sous-divise l'être relatif en Ioint & Separé. La jonction soit dans l'esprit, dans le lieu, dans le temps, ou dans le composé, retient le nom de Relation : & la separation, ét apellée Oposition.

63. La sous-division qui suit, ét semblable à celle qui precede. Les choses raportées, sont ou Convenantes, ou Disconvenantes : savoir en leur substance, ou en leurs accidens.

64. Les choses qui conviennent en leur substance, sont apellées les Mémes : & celles qui disconviennent, *Diffe-*

rentes, La convenance & la disconvenance en accidens, regardent la Quantité ou la Qualité.

65. L'Egalité: & l'Inégalité, ou le plus & le moins, sont de la premiére sorte: la Ressemblance & la Diversité sont de la seconde, aveq ce que les Philosophes apellent Dissemblablement semblable: par exemple la lumiere qui ét depuis le Soleil jusques à nous.

66. Comme l'Augmentation & la Diminution arrivent à la quantité: l'Intension & la Remission arrivent à la qualité.

67. L'oposition, qui empéche deux quantités d'étre au méme lieu, les fait apeller Impenetrables: l'oposition qui chasse les qualités d'un méme sujet, leur donne le nom de Contraires. Enfin par l'oposition Relative on entend celle des autres accidens, du temps, de l'ordre, & generalement de toutes les autres choses.

## LA CAVSE ET L'EFFET.

68. Entre les choses raportées, les plus considerables sont la Cause & l'Effet. La Cause produit. L'Effet ét produit & dépendant. On connoit cette produ-

ction, ou cette action : lors que la cause étant ou n'étant pas, l'effet ét ou n'ét pas.

69. La Creation ét la production d'vne substance, l'Eduction ou la Generation celle d'un accident. La Passion ét la reception de l'une, ou de l'autre. L'Emanation ou l'action immanante, demeure dans l'ageant : mais l'Emission & l'action exterieure, en sort.

70. Les Conditions sont, ou l'éloignement de tout ce qui empéche l'action, ou le complement des causes: comme l'ouverture d'vne fenétre, l'aprochement de ce qui agit, & du sujet sur lequel il agit.

71. Remarquez que les choses ne sont iamais reproduites : parce que les substances durent toûjours, & les accidens dépendent des circonstances, qui ne sont iamais les mémes.

72. La cause qui compose son effet ét Interieure : celle qui ne le compose pas, Exterieure. La cause interieure, ou la partie, ét ou Commune, savoir la Matiére : ou Non-commune, savoir la Forme. La matiére d'un tableau ét la toile : le mélange & l'aplication des couleurs, la forme.

73. La cause exterieure pareillement ét ou Commune à tous les Effets, savoir

la cause Efficiente : ou Particuliere aux effets produits par une cause intelligente, qui se propose une Fin & une Idée. La cause efficiente d'vn tableau ét le Peintre. La fin ét la chose, ou la personne pour laquelle il agit. L'idée ou la cause exemplaire, ét le dessein qu'il s'ét formé en son esprit, ou l'original qu'il a voulu imiter.

74. Ces choses & ces exemples montrent 1. quelles sont les fins que les Ecoles apellent, Laquelle & Pour-laquelle : aveq celles qu'ils nomment Fin de l'art & Fin de l'artisan. 2. Quelle ét la cause exemplaire, interieure & exterieure.

75. Il y a cette difference entre la cause Prochaine & Eloignée, que l'une ét par soy-méme la cause de l'effet : & l'autre l'ét seulement pour en avoir produit la cause, comme on voit dans l'exemple du pere & de l'ayeul.

76. On divise autrement la cause ou la puissance d'agir, quand on dit qu'elle ét Naturelle ou Aquise. Les Latins ont apellé la prémiere, & celle qui ét née aveque nous, *indolem*: & les François, Naturel. Ils ont apellé l'autre, Habitude : & toutes les deux, Propension, ou Difficulté, selon qu'elles agissent facilement ou aveq péne.

77. La puissance corporelle ét de produire, ou de recevoir le mouvement. Celle des Esprits ét de deux à quatre sortes, contenans le Sens & l'Entendement, qui connoissent : l'Apétit & la Volonté, qui desirent les choses sensibles, ou insensibles.

78. De la cause Principale vient la vertu d'agir, que l'Instrument & la cause subordonnée reçoivent. L'instrument ét ou joint, comme la plume l'ét à un oyseau : ou separé, comme la plume l'ét d'un Ecrivain.

79. La cause encore ét ou Vniververselle, qui produit plusieurs effets differens en espece ou notablement, comme le Soleil : ou Part culiere, qui ne produit qu'une sorte d'effets, ou qui en produit peu qui soient differens.

80. La cause Totale & la Partie de la cause, paroissent dans la guerison d'un malade, laquelle dépend de la disposition où il ét, & des remedes qu'il peut prendre.

81. En dernier lieu, la cause ét ou Necessaire : ou lors qu'elle peut s'empécher d'agir, Libre.

82. La suite des causes & des effets necessaires ou indépendans de nous, ét appellée, Destin. Ces causes & ces ef-

fets reçoivent encore le nom de Cas d'avanture, si aveque leur necessité on joint la qualité d'extraordinaires. Les Monstres sont ces mesmes effets, mais animez & notablement differens des autres.

83. La Fortune ét tout ce qui arrive aux Hommes, sans qu'ils le prévoyent, ou qu'ils l'ayent merité. Par où l'on peut juger, de ce que l'on dit depuis l'ancien Temps, *La Fortune a beaucoup de lieu dans les choses Humaines.*

84. Les causes interieures, ont encore leurs sous-divisions. Car on distingue ordinairement la Forme en Substantielle, savoir l'ame raisonnable: & Accidentelle, savoir toutes les autres formes.

85. Il me semble que la Matiére premiere des Philosophes Physiciens, ét l'étenduë: & leur Matiére seconde, l'étenduë avéque ses accidens. La cause pourquoy on peut prendre l'Etenduë pour une Substance ét, qu'elle ét toûjours la méme: & qu'elle ét comme quelques-uns parlent, un étre par soy, & indépendant des creatures.

86. Les Ecoles expriment trois sortes de matiére, en ces mots: de laquelle, dans laquelle, autour de laquelle. La

premiére ét ce dequoy une chose est faite. L'autre ét le sujet qui reçoit. La derniere ét l'objet de quelque puissance, ou connoissante, ou apétitive.

## PRINCIPE, NATVRE, &c.

87. Les choses dont nous avons parlé reçoivent encore d'autres noms, qu'il ét utile de remarquer. Le Principe, qui ét le commencement ou la cause d'un étre, ét nommé Principe de la chose. Celuy qui fait connoitre, ét nommé Principe de connoissance.

88. Le Principe de la chose, s'il l'établit, ét apellé principe de composition, ou partie. S'il ne l'établit pas, c'est un principe exterieur.

89. Le principe de connoissance dans les *Siences*, doit avoir deux conditions. Car 1. il doit étre Evident ou Manifeste: c'ét à dire aussi clair, que ce que nous voyons, & aussi certain que ce que nous manions. 2. Il doit rendre les autres choses évidentes & manifestes.

90. Il n'y a point de principe de l'étre, ou de toutes choses generalement. Car ce principe seroit quelque chose, ou rien. S'il étoit quelque chose, il seroit principe de luy-méme. S'il n'étoit rien:

rien seroit principe de quelque chose. Par ce méme raisonnement, vous pouvez encore rejetter les proprietez de l'étre.

91. La Nature des choses, sont les choses mémes, entant qu'elles naissent, ou qu'elles font naistre. Leur Essence non plus, n'ét que ces mémes choses: ou celles qui les composent.

92. Pareillement l'Existence par exemple d'vn arbre, c'ét l'arbre entant qu'il ét. Et c'ét ce qu'on nomme encore étre actuellement : & on opose la Puissance par laquelle une chose peut étre ou agir, à l'Acte par lequel elle ét ou agit.

93. La Subsistance ét la substance, entant qu'elle s'arréte en soy, & n'ét pas unie à une autre chose qui la perfectionne. Ainsi un arbre qui n'ét pas enté en un autre arbre, ou uni avéque luy, ét une chose subsistante.

94. Subsistance, Hypostase, & Supôt, sont differens mots, qui ne signifient pourtant pas des choses differentes. Personne ét une subsistance raisonnable.

# LE NON-ETRE.

*Combien il y en a de ſortes, & quelles ſont ſes convenances aveq l'être.*

95 LE Non-être, ou ce qui n'ét pas, s'il peut être, c'ét à dire ſi ſa cauſe ét, reçoit le nom de Poſſible : ſavoir poſſible à nous, comme le changement des mœurs : ou à la nature. comme le changement du temps. S'il ne peut pas être, on l'apelle Impoſſible, comme une montée ſans déceute : une Chimere, ou un animal, qui ſoit enſemble pluſieurs animaux, un Lyon par exemple, & un Serpent.

96. L'Impoſſible ét la jonction, ou la ſeparation impoſſible des choſes poſſibles : comme on voit dans les deux derniers exemples.

97. Les choſes poſſibles ou exiſtentes qu'on peut ſe repreſenter, ne ſont iamais en ſi grand nombre, que les impoſſibles. Car ſi les premieres étoient par exemple b, c, d, on en trouveroit les joignant ou les ſéparant, beaucoup plus d'autres.

98. Nous ne connoiſſons pas les choſes impoſſibles : parce que non ſeulement n'étant pas, mais ne pouvant pas

être, elles sont absolument rien. Or il n'y a point d'image, ni consequemment point de connoissance de rien.

99. Nous ne laissons pas d'en parler, & d'en juger veritablement ou faussement : soit à cause des noms qu'on leur donne, ou des images étrangéres sous léquelles il semble qu'on les conçoit.

100. Ce qui n'ét pas, ét à sa façon, fin, vray & bon, comme ce qui ét. Ainsi la vie de Catilina qui n'ét pas, ét une mort, & une vraye mort, bonne à la Republique.

## AXIOMES.

*Touchant l'essence, l'existence, la perfection, le nombre, la relation, & l'effet des choses.*

1. L'Essence est indivisible : *c'ét à dire semblable aux Nombres, auxquels on ne peut rien ajoûter ni rien ôter, qu'on ne les change. Les choses Morales neanmoins ne consistent pas en un poinct, & ont ordinairement quelque latitude.* 2. Vne chose ne peut être, ensemble & n'être pas. 3. Les choses de châque genre les plûs parfaites, sont la mesure des autres. 4. Ne multipliez rien sans ne-

cessité. *Par ce Principe quelques-uns rejettent le Progrés infini.* 5. Deux choses égales ou semblables à une troisiéme, sont égales ou semblables entr'elles. 6. Le Tout ét plus grand que sa partie. *Corollaire.* Qui peut le plus, peut le moins. *Car le moins ét dans le plus, comme la partie dans le Tout.* 7. La puissance n'ét que pour l'action. 8. La Nature ne fait rien vainement. *C'ét à dire: Les inclinations & les effets qu'elle produit, sont utiles.* 9. Châque chose a ses maniéres. 10. La Cause contient l'effet. *Corollaires.* 1. Ce qui ét cause de la cause, l'ét de l'effet. 2. L'action ét des supots. 3. Chacun se fait connoitre par ses œuvres. Nul ne donne ce quil n'a point. Et, il ét plus noble de donner que de recevoir. Ajoûter, diminuer, changer, ét tout ce que nous pouvons savoir, ou faire. 4. Les choses sont receuës selon la disposition de celles qui les reçoivent. 5. Rien n'ét fait de rien, & rien ne vient à rien. 6. La Condition ne met rien dans les choses.

*Fin de la Metaphysique.*

# LOGIQVE.

## LA METHODE.

### TABLE.

*J'explique icy quatre choses. 1. Le dessein des Logiciens. 2. leur analyse, & leur synthese. 3. leur Methode generale & particuliere. 4 Leur maniere d'inventer & de disposer, soit ce qui entre dans le discours, ou le discours mêmes.*

1. PROPOSITION.

DAns la Logique on aprend les moyens de connoitre les choses, en la façon qu'il faut. C'êt pourquoy l'on tâche à les connoitre aveq Ordre par la Methode : & Clairement par l'Experience, ou par le Raisonnement fondé sur l'experience.

2. La Methode êt l'ordre des Siences & de leurs Discours : dans lêquels ou d'une chose on en fait plusieurs, ce qui reçoit le nom de methode Analytique : ou de plusieurs une, ce qu'on appelle

D

methode Synthetique, ou compositive. La methode Miste, fait tantôt d'une façon, & tantôt d'une autre.

3. Par là on peut voir que l'Analyse resout un Tout en ses Parties, & en ses Espéces, une Conclusion en ses Principes, une Fin en ses Moyens, une Cause en ses Effets, un Mot en ses Significations. On peut encore voir que la Synthese raporte les Parties & les Especes à leur Tout, les Principes à leur Conclusion, les Moyens à leur Fin, &c.

4. On a des exemples de ces Methodes dans la Grammaire & dans la Rhetorique: où, si l'on considere les létres, les syllabes, les mots, les phrases, les periodes: le commencement, le milieu & la fin de l'oraison, puis l'oraison méme, c'êt une Synthese. Si l'on considére l'oraison, puis ses parties; c'êt une Analyse, ou une Methode Resolutive. Si quelquefois on fait de cette façon; & quelquefois de l'autre: c'êt une Methode Miste.

5. La methode êt Secondement divisée en Generale, & Particuliere: ou propre à ceux qui Enseignent, qui sont Enseignez, & qui n'enseignent point, ni ne sont point enseignés, comme sont ceux qui Disputent.

6. Dans la methode Generale & commune à toutes sortes de personnes, il faut 1. ne se laisser prevenir que de ce qui ét conforme à l'évidence ou des Sens ou de la Raison: qui sont dans les Siences les deux regles de la verité. 2. Ne comprendre ni trop ni trop peu en ce qu'on juge, ou en ce qu'on dit. 3. Quand on parle se servir de termes clairs: & soit qu'on parle ou qu'on entende parler, se souvenir de cet ancien & utile precepte: & savoir, *Quid subsit nomini*, ce qui ét signifié par les mots.

7. Ceux qui Enségnent, doivent expliquer & prouver leurs sentimens: en montrer les principaux usages: enfin combatre encore les sentimens contraires, s'ils les estiment, ou importans, ou vray-semblables.

8. Ceux qui sont Enségnés doivent aporter du choix, pour connoitre d'excellens Maitres: & de l'atachement pour aprendre d'eux: mais pour en aprendre principalement les choses, qu'on ne peut pas facilement concevoir de soy-méme: & qu'on sait d'ailleurs étre fondamentales.

9. Les Maitres, dont je parle, ont de la sublimité & de l'utilité dans leur Sience, de la clarté & de l'ordre dans

leur Expression, de l'assiduité dans leur Travail. Apres les Maitres, il faut donner lieu aux Livres, & à l'Exercice propre.

10. Nul ne doit croire, avoir apris parfaitement, que ce qu'il Entend, ce qu'il Retient, & ce qu'il peut Dire. On raporte cinq moyens pour entendre les choses: Voir, Conferer, Ouyr, Lire, Mediter. Deux pour les retenir, Ecrire, Repeter. Vn pour les dire: qui ét celuy-là méme, les Dire. Car on aprend les Arts, par l'exercice des Arts, comme la Guerre par la Guerre.

11. Voyons la methode de ceux qui disputent. Dans toute Dispute il y a trois choses, La Question qui ét proposée, l'Argument qui la fait connoitre, & la Resolution, qui la termine. Ces deux dernieres choses doivent avoir l'évidence qu'on pretend donner à l'autre.

12. Les Questions sont: ou de la Puissance, nommées dans la Morale questions du Droit: ou du Fait & de l'action. Elles sont encore ou Pratiques, qu'on apelle Problémes; ou Speculatives, qu'on apelle Theorémes. Enfin elles sont ou de la Chose, ou du Mot. On resoud ces dernieres par la seule explication des

termes: comme un Sophiste ét-il Philosophe?

13. Evitez 1. les questions interminables: par exemple, Quel a été le sentiment d'Aristote touchant les Dieux, qu'on adoroit en son pays. 2. Les questions, ou inutiles, ou peu utiles. 3. Celles qui ne sont pas du lieu, que l'on traite.

14. Dans toute dispute il y a deux Personnes, dont l'une doit expliquer & prouver ce qui ét en question, l'autre nier les choses fausses, acorder les veritables, distinguer les douteuses. Les Distinctions sont tirées des diverses significations des mots, & de la diverse maniere des choses.

15. On divise Troisiémement la Methode en Inventive qui sert à trouver, ou les Choses qui entrent dans le discours, ou le Discours méme: & en Dispositive qui sert à leur Ordre, à leur Liaison, à leur Achevement. La principale Loy de l'ordre, ét qu'on mette au commencement, ce dequoy dépend l'intelligence du reste.

16. La Methode d'inventer les choses, par exemple les remédes dans la Medecine, dépend de l'Esprit, de la connoissance des vrays principes & de

ce que l'on en a déja tiré. De la circonspection, & de l'atachement. De la rencontre des temps, des lieux, & des biens.

17. Le Discours qu'on se propose à faire ét sur un sujet ou théme simple, qu'il faut expliquer : ou sur un sujet composé, qu'il faut encore prouver. Enfin il faut quelquefois dans ces explications & dans ces preuves, parcourir l'Vniversel & les Categories : & souvent examiner les causes, les effets, les choses semblables & opposées, les circonstances.

## L'EXPERIENCE.

*Le denombrement, les perfections, & les deffauts des Experiences.*

18. J'Apelle Experiences les connoissances des Sens, comme voir, ouyr, toucher, ou plûtôt être touché. Elles sont ou communes, & suffisantes aux necessités & aux commodités principales de la vie : ou particuliéres, & dependantes des autres.

19. Des six parties de la Philosophie, c'ét dans la Physique seule : & entre les Siences qui dependent de la Physique,

c'ét dans la Medecine principalement, qu'on a besoin pour leur perfection de quelques particuliéres & nouvelles experiences.

20. Toutes nos connoissances viennent de l'experience. Ainsi quiconque n'a pas le sens de la veuë ou de l'ouye, n'a pas non plus la connoissance des couleurs ou des sons: Et quiconque fait plus de raisonnemens que d'experiences ou de reflexions sur elles, tombe souvent dans l'erreur.

21. La perception méme des connoissances vient des sens, puis que ces connoissances en viennent. Et quand nous jugeons, que lors qu'on a ôté un verre d'eau de la riviére, il y en a moins qu'auparavant: c'ét que nous avons experimenté ce moins en d'autres rencontres.

22. La cause pourquoy on n'avance pas dans les Siences, ét ou le deffaut d'experiences, ou celuy de leur aplication. Et la Sience qu'on a aujourd'huy par exemple de certains alimens, & de certains remédes, vient moins du raisonnement que de l'experience.

23. L'experience n'ét pas fausse, quand elle ét toûjours la méme: ou comme on enseigne ordinairement, quand le sens, le milieu, & l'objet sont bien disposés,

On connoit méme qu'ils sont bien ou mal disposés, encore par l'experience. Pour exemple, l'atouchement nous fait connoitre, que le bâton qui paroissoit à la veuë rompu dans l'eau, n'est pas rompu.

24. Parce que souvent les experiences sont difficiles, & méme de quelque danger, & toûjours de quelque dépense: il faut que ceux qui les font ayent de l'esprit & de la prudence: & que ceux qui les font faire ayent encore du bien. Mais ni cet esprit, ni ce bien, ne doivent pas étre employez aux experiences seulement curieuses, ou d'ailleurs peu necessaires.

25. Il nous manque ou un sixiéme sens, pour connoitre les petits corps: ou une adresse, pour les grossir. De ce manquement viennent tant de supositions, ou incertaines, ou fausses.

26. L'exemple de ceux, qui regardent successivement deux choses disposées d'une méme maniere, fait voir que les experiences ne distinguent pas les objets singuliers, des autres qui leur sont, ou qui leur peuvent étre semblables. Cette distinction aussi, n'étoit ni possible aux sens, qui sont touchez d'une méme façon, ni necessaire à la vie, dans laquelle

toutce qu'on supose semblable, ét d'un usage égal.

27. De la Proposition que je viens de prouver, il suit que les choses sensibles sont universelles, & que les singuliéres ne sont pas seules dedans, comme dehors les sens.

## LE RAISONNEMENT.

*Apres la Definition du Raisonnement, on aprend en premier lieu ses quatre Divisions tirées de la nature, du nombre, des qualités & de l'objet des énonciations: en second lieu, ses Fondemens. A la fin on traite du Syllogisme, de sa matiére, de sa forme, de ses Principes, &c.*

28. Raisonner, c'ét juger qu'une chose, qui ne tombe pas sous les sens, ét ou n'ét pas: parce que quelqu'autre chose ét, ou n'ét pas.

29. Il y a donq trois sortes de raisonnement. L'une, Affirmative: comme il ét savant & vertueux, il merite donq d'étre Magistrat. L'autre Negative: il n'ét ni savant ni vertueux, il ne merite donq pas d'étre Magistrat. La derniere sorte de raisonnement ét Mélée, savoir

en partie affirmative & en partie negative : comme il ét savant & vertueux, il ne faudroit donq pas qu'il vécut toûjours en Homme Privé. Ou, il ne faudroit pas qu'il vécut toûjours en Homme Privé : il ét donq savant & vertueux.

30. Si le raisonnement ét compris en une seule énonciation : comme en celle-cy, Nous sommes tous Animaux, & ceux qui en parlent le moins, le sont peut-étre davantage : il peut recevoir le nom d'Epicheréme. L'Enthyméme contient deux énonciations : Comme tout savant ét Philosophe : Ce savant, ét donq Philosophe. Le Syllogisme en contient trois. Nous en raporterons peu apres des exemples : mais parce que le Syllogisme n'ét presqu'en en usage, que dans les Ecoles Peripatetiques, ceux qui n'y sont pas, peuvent laisser la pluspart des choses que l'on en dit.

31. Les autres raisonnemens sont composez d'un nombre incertain d'énonciations. Pour distinguer ces raisonnemens, je remarque que ce sont des énumerations, ou parfaites & exprimées conjonctivement dans l'Induction & dans le Sorite, & disjonctivement dans le Dilemme : ou imparfaites, savoir l'Exemple.

32 On tire une Induction, de la Philosophie méme lors qu'on en raporte les parties, pour en faire voir l'utilité. L'exemple du Sorite ou de l'Argument du premier au dernier, peut étre le suivant. Ceux qui ont plus de pouvoir, commandent. Ceux qui commandent conduisent les autres. Ceux qui conduisent les autres, ont besoin de plus de lumiere & de plus de vertu. Donq ceux qui ont plus de pouvoir, ont besoin de plus de lumiere & de plus de vertu.

33. Le discours de ceux qui saignent, & qui disent: Que si le Sang ét bon, sa quantité le corromproit: & s'il ét mauvais, que sa qualité justifie la saignée, ét un Dilemme.

34. L'Exemple ét une induction imparfaite, mais qui sert parfaitement à expliquer les choses: comme on voit dans toutes les Especes de la Iurisprudence, & dans tout ce qu'il y a de Similitudes.

35. La troisiéme division du raisonnement ét en Evident, apellé Demonstration: & Obscur apellé ou Opinion, s'il ét vray: ou Erreur s'il ét faux.

36. Quand un faux raisonnement trompe, méme ceux qui le proposent

il reçoit le nom de Paralogisme. Mais on l'apelle Sophisme, s'il trompe ceux-là seulement à qui on le propose. La Folie ét un raisonnement, évidemment faux.

37. Le faux raisonnement vient des Prejugez, de l'Inconsideration, du Deffaut d'usage. Il consiste, ou en ce qui precede l'illation, comme Epicure étoit Mathematicien : il étoit donq savant. Ou dans l'illation méme, soit à cause de sa matiere, ou de sa façon : comme, Epicure étoit savant, il étoit donq Mathematicien.

38. La fausseté de ce qui precede l'illation consiste, ou en Equivoques, aussi frequentes ou plus frequentes que les Distinctions. Ou en Cause fausse, comme lors que plusieurs, qui ne songent qu'à leurs interets particuliers : assurent que leur travail n'ét que pour l'utilité publique. Ou en Petition de principe: quand on prouve, la question par elle-méme: & que par exemple ceux qui ne veulent pas certaines choses, parce qu'elles sont disent-ils contre les ordres, apellent ordres leurs volontez.

39. Puis que le faux raisonnement ét trop ordinaire & trop dangereux, il faut tâcher aveque soin à le corriger : ou du moins à profiter des veritez qu'il peut indiquer

Indiquer d'ailleurs, & à remarquer par exemple la perversité des jugemens & des inclinations de ceux, qui discourent ainsi. Erasme avoit beaucoup de Sience, il avoit donq peu de Pieté.

40. Ie divise quatriémement le discours en celuy, qu'on exprime par un nombre de termes determiné, savoir le Syllogisme, que j'apelle Raisonnement par les Mots : & celuy où l'on ne considere pas un nombre certain de termes, mais seulement leur signification. Ie l'apelle Raisonnement par les choses, & remarque qu'il n'ét étably que sur leur Connexion & leur Repugnance. Comme, quant à la façon des Poëtes ou des Orateurs, on dit en plusieurs propositions & en plusieurs termes, que le Soleil ét sur l'Horizon : & que l'on en tire l'une de ces consequences. Il ét donq jour. Ou, Il n'ét donq pas nuit.

41. Ce raisonnement par les choses ét tres-facile & tres-commun, quoy que je ne sache pas qu'il ait été observé par les autres Philosophes. Il dépend de ce que l'on a experimenté, ou encore des discours que l'on a faits dans les autres Siences. Mais il ne dépend pas des preceptes de la Logique, comme le raisonnement par les mots.

E

## LES FONDEMENS DV RAISONNEMENT.

42. *Sont* les experiences faites, sur les Causes, les Effets, les Signes. On peut considerer ces experiences ou en elles-mémes, ou hors de leurs circonstances: & alors on les comprend sous le nom de Definitions, de Divisions, d'Axiomes, de Demandes & d'Hypotheses, que j'expliqueray.

43. La Definition distingue des autres choses, celle dont on parle, & dont ordinairement on rapporte ce qu'elle a de commun & de propre. Comme le *Triangle a trois angles*, ou ét une figure à trois angles.

44. La *Division* distingue les choses dont on parle entr'elles, & en raporte toutes les differentes sortes ou parties, Comme les Triangles sont de trois especes. Car ils ont leurs côtés, ou tous égaux, *ou tous inégaux*; ou deux égaux entr'eux, & inégaux à l'autre.

45. Afin qu'on ne laisse rien, il faut faire seulement deux ou peu de parties, & les oposer sans milieu : comme on voit en la division precedente.

46. On apelle Axiomes, ou Com-

munes Sentences toutes sortes d'autres Propositions universelles & connuës à chacun : comme, Ce qui ét fait ét fait. Les biens sont divisés : Ceux de l'esprit, comme ceux de la fortune.

47. Les Demandes sont des Propositions faciles, qui doivent étre acordées avant que l'on demontre ce qui ét en question. Ainsi avant que de prouver qu'il y a toûjours eu quelque chose, il faut demander s'il n'y en a pas presentement quelqu'une, par exemple nôtre pensée.

48. Les Hypotheses sont des principes, dont on convient : par exemple, que toutes les parties du corps humain ont ensemble communication.

49. Encore que la verité des choses évidentes, soit assés évidente d'elle-méme : il semble neantmoins qu'on la peut quelque fois prouver, ou generalement, ainsi. Les choses évidentes touchent le sens : or elles ne le peuvent toucher, sans étre. Ou en particulier, par exemple la verité de cet Axiome. Le Tout ét plus grand que sa partie Car, il la surpasse par son autre partie.

## LA MATIERE ELOIGNEE DU SYLLOGISME : OU LES MOTS.

50. Les Mots sont de trois sortes, savoir les Termes, la Liaison des termes ou le Verbe, & l'Adverbe, que Priscien apelle Syncategoréme, & qu'il explique Consignifiant, enfin que d'autres Grammairiens apellent Mot invariable.

51. Le Verbe ét un mot qui marque l'affirmation, ou la negation : comme, je suis, tu es, il ét. Par les Termes ou les extremités des Propositions, on entend les mots, dont l'un ét assuré ou nié de l'autre : comme, quelque Philosophie ét utile. On nomme Sujet celuy qui precede le verbe, savoir *Philosophie*: & Attribut celuy qui le suit, savoir *Vtile*.

52. Le terme ét ou Mental, ou Prononcé, ou Ecrit : selon qu'on le forme dans l'esprit, dans la bouche, ou par exemple sur le papier.

53. En troisiéme lieu les termes sont ou Indefinis, savoir les termes generaux que nul signe n'acompagne, comme les François sont vaillans : ou Definis, savoir les termes singuliers, ou les generaux mémes accompagnez de l'un de

ces trois signes, Tout & nul, Quelque, Celuy-cy & celuy-là.

54. I'appelle terme de la Premiére intention, le nom des choses, comme l'homme. Et terme de la Seconde intention, le nom des noms, comme sujet, attribut: substantif, adjectif.

55. Le terme Positif signifie un étre, comme infiny. Le Negatif un non étre, ou ce qu'une chose n'ét pas, comme finy, non-homme.

56. Les termes Reciproques & égaux ont méme étenduë, & méme signification, comme la Majesté & la Grandeur de l'ancienne Rome. Ceux qui ne sont pas reciproques, ne sont pas non plus d'une méme signification.

57. Il y a d'autres sortes de Termes, mais qui ne sont peut-étre pas si propres à ce lieu: par exemple les termes Indifferens, comme Philippe de Macedoine. Les termes d'Estime, comme Victorieux. Les termes de Mépris & quelque fois de haine, comme Vsurpateur.

58. Entre les Proprietés des termes, la plus generale & celle qui comprend toutes les autres, ét leur Signification: soit claire & connuë de chacun, ou obscure, qu'il faut exposer. L'Etat c'ét lors que le terme s'acorde avéque le

verbe, comme les Aveugles s'égarent. L'Ampliation c'ét lors que le terme ne s'acorde pas aveq le verbe, comme les Aveugles voyent. On nomme Restriction, une signification moins étenduë, comme Savant en Grammaire. L'Alienation ét l'usage impropre d'un terme, comme un Homme Peint.

## LA MATIERE PROCHAINE DV SYLLOGISME, SAVOIR LES ENONCIATIONS.

60. Les Enonciations, ou les Iugemens assûrent ou nient, soit veritablement & conformement aux objets, ou faussement.

61. Elles sont ou Absoluës, qui joignent ou separent simplement l'attribut & le sujet, comme Vlpien ét Iurisconsulte: ou Modales, qui expriment la Façon.

62. Les énonciations Modales regardent ou la cause des choses, savoir ces quatre : il ét Possible, Impossible, Necessaire, Contingent qu'un ignorant soit Iurisconsulte : ou les choses mémes, comme ce Iurisconsulte ét beaucoup savant.

63. Vne quatriéme division des énon-

ciations ét en Premiéres, ordinairement apellées Propositions ou Antecedens : & tirées de ces premieres, nommées quelquefois Corollaires : & ordinairement Illations ou Conclusions ; contenans le jugement qu'on fait de leur objet, & de sa connexion av[illegible] d'autres.

64. Il faut considerer beaucoup de choses dans toutes sortes de Conclusions : mais principalement dans celles qui sont importantes ; comme dans celle-cy. Ce criminel ét donq digne de mort. Car il y faut considerer le Sujet : *ce Criminel :* l'Attribut, *digne de mort* ; l'Argument ou le Terme moyen, *un homme que l'on convainc de larcin & de vol* : les Circonstances. Parce que le Droit Romain par exemple, ne condamne les Criminels de cette maniére, qu'à rendre plus qu'ils n'ont pris.

65. Si l'on compare les parties d'une énonciation ensemble, & qu'elles puissent étre dans le méme temps : on apelle leur sens Composé, comme la Iustice est loüable. Lors qu'elles ne peuvent pas étre en méme temps : on apelle leur sens Divisé, comme la Iustice ét quelquefois une injustice.

66. Si l'on compare encore les parties d'une énonciation, & que l'on

change ſon atribut en ſujet, & ſon ſujet en atribut, c'ét une Converſion : ou *Simple*, comme Nulle Divination n'ét une Sience, & nulle Sience n'eſt une Divination : Quelque homme n'ét pas Babylonien : & Quelque Babylonien n'ét pas quelque homme, par exemple un Irlandois. Ou par Accident, comme Tout Aſtrologue ét un Contemplateur: donq quelque Contemplateur ét un Aſtrologue : ou enfin par Contrepoſition ; comme, donq Quiconque n'ét point Contemplateur n'ét point Aſtrologue.

67. Les énonciations comparées les unes avéque les autres ; ont deux proprietés. *L'Equipolence* & l'Opoſition. L'Equipolence c'ét lors que deux ou davantage d'énonciations, ont méme ſens : comme, Tous *ne* ſont pas Philoſophes : Chacun nét pas Philoſophe.

68. L'Opoſition Logique, ét elle-méme opoſée à l'Equipolence, conſiſte dans l'affirmation, dans l'eſtenduë & dans la verité des énonciations : enfin ét diviſée en quatre eſpeces, apellées Opoſitions Contraires, Souſcontraires, Subalternes, Contradictoires.

69. De ces Propositions:

| 1 Tout | 2 Nul | Homme ét |
|---|---|---|
| 3 Quelqu' Homme ét | 4 Quelqu' Homme n'ét pas | menteur. |

Les deux premiéres sont contraires. Les deux derniéres, Sous contraires. Les deux de chaque côté, Subalternes. Enfin celles qui sont oposées au sommet, Contradictoires.

70. Remarqués que les propositions contradictoires repugnent toûjours dans l'affirmation & la negation: dans la verité & la fausseté: mais non pas quelquefois dans l'étenduë. Comme Toutes les opositions sont quatre, toutes les opositions ne sont pas quatre. La plus-part des Logiciens sont icy importuns, la plus-part des Logiciens ne sont pas icy importuns. Cette étude ét inutile, cette étude n'ét pas inutile. Vous dites bien, mais je ne say ce que vous dites: qui ét une contradiction cachée.

71. Encore remarquez plus generalement. 1. Que l'oposition des propositions dépend de celle des choses, expliquée en Metaphysique. 2. Que les choses ne sont jamais oposées hors de l'esprit, en sorte qu'elles ayent les mé-

mes circonſtances : comme, Amis vous n'étes pas amis, 3. Que dans l'eſprit & dans les propoſitions, elles peuvent étre opoſées en ſorte qu'on leur atribuë les mémes circonſtances.

## LA FORME DV SYLLOGISME, OV LA DISPOSITION DE SES TERMES ET DE SES PROPOSITIONS.

72. Le *Syllogiſme* ét composé de trois Enonciations, dont les deux premiéres doivent étre apellées, Premiére & Seconde Propoſitions : & la Troiſiéme, Concluſion.

73 Il y a trois Termes, ſavoir, le Sujet & l'Atribut de la Concluſion : & le Terme moyen, qui n'entre jamais dans la concluſion, & ét repeté deux fois dans les énonciations qui la precedent.

74. Dans ce *Syllogiſme* par exemple, Tout Philoſophe ét Savant. Marc ét Philoſophe. Marc ét donq Savant. Marc ét le ſujet de la concluſion: Savant l'atribut de la méme concluſion, & Philoſophe le terme moyen.

75. La Figure du Syllogiſme ét la diſpoſition du terme moyen, avéque les deux autres termes. On diſtingue

ordinairement trois figures. Dans la Premiere le terme moyen ét une fois sujet & une fois attribut. Dans la Seconde, deux fois attribut. Dans la Troisiéme, deux fois sujet. I'en raporteray des exemples, dont la difference avéque ceux qu'on a acoûtumé de voir, n'ôte rien de leur certitude.

76. L'Exemple de la Premiere Figure, peut étre celuy-cy. La Fin des Philosophes ét de vivre honnétemēt, sainemēt, commodement. Vivre de la sorte, c'ét Tout ce que l'on peut estimer. La Fin des Philosophes ét, donq Tout ce que l'on peut estimer. De la Seconde : Toute Philosophie ét quelque sorte de Sagesse. L'étude de la plus-part des Hommes n'ét nulle sorte de Sagesse. L'étude de la plus-part des Hommes n'ét donq pas la Philosophie. De la Troisiéme. Ceux qui discourent mal sont d'un infiny nombre. Ceux qui discourent mal, méprisent tous la Logique. Ceux donq qui méprisent la Logique, sont d'un infiny nombre.

77. Les Logiciens apellent icy Façon de raisonner, La disposition des propositions, selon leur étenduë & leur affirmation ou negation. Ils marquent les Propositions universelles par A, &

les negatives par E. Les particulieres affirmatives par I, & les negatives par O.

78. Ils croyent les propositions singulieres, d'un assez extraordinaire usage: ainsi ils ne les ont pas tous marquées par V & Y, ou par quelques autres lettres. Ils ont seulement nommé Syllogisme Expositoire, celuy qui ét composé de cette sorte de propositions. Comme Socrate a été le plus Honnéte Homme des Grecs. *Socrate a été* condamné à mort. Donq le plus Honnéte Homme des Grecs a été condamné à mort.

79. Les façons de Raisonner utiles sont ces cinq, aa, ae, ai, ao, ei. Et toutes utiles dans la Troisiéme Figure. Dans la premiere il n'y en a que quatre, ao n'y servant pas. En effet on peut raisonner ainsi. Tous les Riches sont honnorez. Quelques Trompeurs sont riches. Quelques Trompeurs sont donc honnorez. Mais non pas, Tous les Riches sont honnorez. Quelques Trompeurs ne sont pas Riches. Quelques Trompeurs ne sont donq pas honnorez. Car on prendroit l'attribut de la Conclusion autrement & plus generalement qu'avant la Conclusion. Neanmoins elle sembleroit bonne. Si l'on disoit honnorez pour la Richesse. Dans la deuxiéme Figure

Figure on ne reçoit, que les trois façons de raisonner negatives. Toutes les Façons du Syllogisme sont donq multipliées, de cinq jusques à douze.

80. Pour faire un Syllogisme dans quelque figure & de quelque Proposition donnée, il faut prendre des Termes semblables ou opposés, superieurs ou inferieurs au Moyen: & apres avoir ajoûté par exemple à cette Proposition, Nul Corps n'ét une chose connoissante, celle-cy, Toutes les bétes sont Corps, Ou, Nôtre ame ét une chose connoissante. Ou enfin, Tout corps ét étendu: en tirer la Conclusion qu'il faut.

## LES PRINCIPES, LES REGLES, LES REDVCTIONS ET LES DEFAVX DV SYLLOGISME.

81. Si le Syllogisme ét Affirmatif, il ét établi sur cet Axiome. Deux Termes conviennent entr'eux, lors qu'ils conviennent aveq un troisiéme Terme, où deux Termes signifient la méme chose entr'eux, lors qu'ils signifient la méme chose qu'un troisiéme Terme. Voyez l'exemple de la Prop. 74. Tout Philosophe ét Savant, Marc ét Philosophe, &c. Si le Syllogisme ét Negatif, il ét

étably sur cet autre Fondement. Deux Termes ne conviennent pas, lors qu'un d'eux seulement convient aveq un troisiéme Terme. Voyez encore le precedent exemple, & apres avoir dit, Nul Philosophe ét ignorant, ajoutez le reste.

82. Les Regles principales du Syllogisme, sont deux: Qu'il y ait seulement trois termes: &, Que les deux premiéres énonciations ne soient pas Negatives. On tâche par les Principes du Syllogisme, à faire voir que ces Regles sont vrayes. Et il paroit qu'elles sont principales, en ce qu'elles contiennent toutes les autres, qu'on rapporte: comme les deux que j'ajoute.

83. La Conclusion suit la moindre des Propositions, dont on la tire: de sorte que si l'une ou l'autre ét negative ou particuliere, la Conclusion l'ét aussi. Car si elle étoit affirmative, elle joindroit deux termes: dont un seul auroit été joint au Moyen. Si elle étoit universelle, outre que l'on feroit suivre de la partie le Tout: il y auroit quatre Termes, à l'un desquels neanmoins le moyen ne seroit pas raporté. Dans ce Syllogisme. Tous les Savans ont de l'esprit. Quelques François sont Savans. Tous les François ont donq de l'Esprit. Les

quatre termes sont, 1. Savans. 2. Quelques François qui sont : & 3. quelques François qui ne sont pas Savans, mais signifiés neanmoins par les deux premiers mots de la Conclusion. 4. Qui ont de l'esprit.

84. L'autre Regle ét, qu'un Terme moyen universel, doit estre pris universellement. Autrement le Syllogisme auroit encore quatre Termes : savoir les deux de la Conclusion : Puis le Terme moyen équivalemment double & pris tantot pour une chose, & tantot pour une autre : comme on voit en cet exemple. Plusieurs qui nous persuadent de mépriser les Richesses, desirent les recueillir quād nous les aurons rejettées. Vous nous persuadez de mépriser les Richesses. Vous desirez donq les recueillir, quand nous les aurons rejettées.

85. Dans ces Exemples, ou en d'autres encore vous pouvez voir, qu'on a acoûtumé de prendre particullerement, l'attribut d'une Proposition affirmative : & universellement, celuy d'une negative. I'ay dit seulement que l'on a acoûtumé, Car rien n'empéche de parler ainsi. Les hommes ne sont pas tous les animaux. Et les hommes sont tous les animaux qui raisonnent.

86. Reduire un Syllogisme, c'ét en faire connoitre la verité ou la fausseté, soit par quelque plus clair Exemple, ou immediatement par les Principes auparavant raportés.

87. Touchant les deffaux du Syllogisme, Ie dis: Que c'ét une sorte de Raisonnement Particuliere à quelques-uns, Necessaire à personne, Difficile à tous. Enfin embarassée d'une multitude de preceptes ou Ridicules, ou Incertains, ou peut-étre Faux. 1. donq le Syllogisme à péne sert il qu'à ceux qui en font une espece de commerce. 2. C'ét assez de raisonner par les choses, sans s'obliger à un nombre de mots, qui les signifient. Par exemple si l'on veut persuader méme les Personnes de l'autre sexe, de s'atacher aux Lettres Humaines, parce que ce sont des occupations sedentaires, & d'ailleurs infiniment utiles à la conduite de la vie: pourquoy ét-il necessaire de se servir d'un amas de paroles & de propositions superfluës, dont le Syllogisme ét composé? 3. On pretend que le Syllogisme ét un moyen de connoitre la verité: mais il faut considerer, que c'ét un moyen plus difficile que la verité méme.

88. Entre les Preceptes du Syllogis-

me : ceux qui paroissent Ridicules sont, par exemple d'Argumenter en Barbara, ou en Canada : en la façon de Batalip, ou de Tabarin. La Regle, qui établit trois Figures raportées par d'autres à Vne : ou à Deux pour les Syllogismes affirmatifs & negatifs : pour joindre le terme moyen avéque les deux autres termes, ou seulement aveq un, ét entre les Preceptes Incertains. Entre les Faux, je mets ceux qui rejettent deux premieres Propositions negatives. Car ce Syllogisme : Quiconque ne sait pas les Loix & les Armes, ne doit pas étre Empereur Romain. Momille ne sait pas les Loix & les Armes. Momille ne doit donq pas étre Empereur Romain : contient seulement des negatives, quoy qu'elles affirment comme ailleurs, équivalemment.

89. Ie finis ce long & incommode discours, par un autre faux Precepte, que les Logiciens donnent, de rejetter tous les termes & toutes les énonciations au delà de trois. Car par exemple, on peut joindre le sujet & l'attribut d'une conclusion, apres les avoir joints à deux ou plus d'autres termes, en ces deux differens Raisonnemens. 1. Dans le Monde la Terre ét un Poinct : c'ét à dire, tien

ou comme rien. Dans la Terre le Païs où vous vivez, si on le compare à tous les autres, ét assés peu considerable : & Vous l'étes beaucoup moins, quelque orgueil que vous ayez. Vous étes donq peu considerable. 2. La Logique ét une partie de la Philosophie. Or toute partie de la Philosophie ét une Sience : & toute Sience doit étre utile. La Logique doit donq étre utile.

# AXIOMES.

*Sur la connoissance que l'on a des choses, & le jugement que l'on en fait. Enfin sur leurs preuves & leur expression.*

1. IL ét important, d'avoir de claires & consequemment vrayes Idées. *La raison de cet Axiome, ét que nous jugeons & agissons selon nos idées, ou nos conceptions.* 2. L'Abstraction n'ét pas une erreur, *C'ét à dire : Que celuy qui ne parle pas d'une chose, ne la nie pas : & l'assure encore beaucoup moins.* 3. Toutes les verités s'acordent. Et, Ce qui ét Faux ne suit jamais de ce qui ét vray. *C'ét à dire la verité ne contient pas la fausseté : comme celle-cy ne contient pas l'autre.* 4. Ne jugez pas des

choses, que vous ne connoissez pas clairement. *Car, ou vous ne rencontreriez pas la verité: ou vous pourriez toûjours craindre, de ne l'avoir pas rencontré*. 5. Parmy les Hommes ce qui ne paroit point, ét comme s'il n'étoit point. *De là il arrive quelquefois, que ni les plus grandes vertus, ne sont pas recompensées, ni les plus grands crimes punis* 6. Qui prouve trop, ne prouve rien. 7. D'une Absurdité, il en suit d'autres. 8. Souvent le Mensonge, ét plus probable que la verité. 9. La maniere dont il faut juger des choses, dépend de celle dont elles sont. 10. La Nomination, ét tirée de la plus grande, ou plus considerable partie. *Ainsi l'on nomme Paris, une Ville riche.* 11. Dans les Siences un des moyens de ne rien dire, ou de dire toutes choses: ét de parler obscurement. 12. Raportez la Maniere de discourir, & generalement celle de traiter toutes sortes d'Arts, à l'Invention, à la Disposition; & à la Diction. 13. La clarté ét necessaire aux Exemples, mais la verité ne l'ét pas. *C'ét à dire: Qu'il suffit d'entendre les choses, qui entrent dans les Exemples: soit que d'ailleurs, elles soient: ou seulement qu'elles puissent être.* 14. Vne multitude de paroles contient toûjours quelques deffaux. *Il semble que cét Axiome soit étably sur cét autre.* La verité ét unique: mais les faussetés sont infinies.

*Fin de la Logique.*

# MORALE.

## TABLE.

*Avant que de parler de ce qui regarde châcun ouSeparement, oudans la Societé: on traite icy en general du Bien, du Mal & des choses indifferentes.*

### LE BIEN.

#### 1. PROPOSITION.

LE Bien ét ce qui convient: c'ét à dire, ce qui conserve. Ainsi la Santé convient toûjours au Malade: & quelquefois la Maladie au Medecin.

2. J'apelle bien Aparant, Celuy qui semble convenir, & qui ne convient pourtant pas: parce qu'il a plus de mal que de bien, ou plus dén commodité que d'incommodité: par exemple une injuste richesse. Le Vray bien, ét celuy qui convient en effet.

3. Tout vray bien ét ou Physique & Necessaire, c'ét à dire independant de la volonté humaine: ou Moral, Hon-

néte & Libre, Je nomme les choses Libres, lors qu'elles & leurs oposées sont en nôtre Puissance : comme aimer & haïr, aimer & n'aimer pas.

4. Le bien qui plait ét ce qu'on apelle Agreable. Celuy qui déplait, par exemple une medecine, ou le retranchement d'un membre pourry, ét un bien Déplaisant.

5. Le bien qui déplait, n'ét pourtant bien, qu'à cause des plaisirs qui le suivent : comme on voit dans les exemples que je viens de raporter, & par les choses que j'aioute.

6. Le plaisir qui n'ét pas acompagné, & suivy de facheries, du moins qui soient plus considerables que le plaisir méme, ét celuy qu'on peut apeller juste & raisonnable : l'autre ét déraisonnable & trompeur.

7. On nomme Bon-heur, l'Etat auquel nous jouïssons d'une diversité de biens agreables, que chacun peut avoir raisonnablement.

8. Les choses qui servent seulement à acquerir quelque bien, reçoivent le nom d'Vtiles, par exemple le Travail. Mais on apelle simplement Bien, ce qui ét bon de luy-méme: savoir la Joye raisonnable, qui acompagne ou qui suit les actions.

Aussi, quoy qu'on la raporte quelquefois à d'autres biens, neanmoins ils ne nous touchent pas sans elle.

9. Encore, le Bien èt ou Corporel, savoir les accidans qui ne dépendent que du Corps, qui le conservent & qui n'ont de rapon qu'à luy : ou Spirituel, & spirituel ou en luy-méme, savoir les connoissances & les volontés soit agreables soit utiles : ou par raport, savoir les Dispositions à ces connoissances & à ces volontés.

10. Ces dispositions nées avéque nous ou aquises, reçoivent le nom de Vertus Intellectuelles, si elles nous font connoitre ce qui èt expediant. Ou de Vertus Morales, si elles nous le font encore vouloir : comme i'expliqueray, apres la proposition suivante.

11. Par le mot de Sience, ou lors qu'elle èt des choses les plus importantes à la vie, par celuy de Sagesse : il faut entendre une sorte d'habitude qui reside seulement dans le cerveau. Car on la nomme encore Art, jointe aux habitudes des parties exterieures de nôtre corps. Ainsi l'Art d'écrire ne renferme pas seulement la conoissance qu'on a de la figure des Lettres : mais la disposition & l'habitude de la main pour les former.

12. Par le mot de vertu Morale, il faut entendre la Conneissance & la Vertu Intellectuelle méme, acompagnée ou de la seule volonté non retractée de faire bien : ou de cette volonté ensemble & de l'habitude que nous en avons. N'apellés donq Vertueux absolument, que Celuy qui sait & qui veut les choses qu'il faut faire.

13. La vertu Morale nous dresse, ou dans toutes choses generalement, savoir la Prudence : ou dans les choses qui nous regardent ; savoir la Force lors qu'elles sont difficiles, & la Temperance lors qu'elles sont agreables : ou enfin dans les choses, qui regardent autruy, savoir la Iustice.

14. La necessité de la Prudence, ét tirée de l'importance & de l'incertitude des évenemens. Sa cause ét double, la Subtilité & la Docilité. Car il faut trouver de soy-méme, les moyens de bien agir : ou les aprendre des autres. Ses effets sont quatre, la Deliberation, le Choix, le Commandement, l'Execution. Ses parties sont encore quatre. 1. l'Intelligence des principes generaux. 2. la Memoire des choses passées. 3. la Precaution & la Circonspection des presentes. 4. la Prevoyance des futures.

15. La

15. La Force previent les maux qui nous arriveroient, & chasse ceux qui nous sont arrivez. Pour les maux necessaires, elle ne les augmente ni par la crainte, ni par l'impatience.

16. Par la Temperance on aquiert les plaisirs legitimes, & on éloigne de soy les autres qui ne le sont pas. I'ay dit *les plaisirs legitimes*. Mais je pouvois encore dire, que comme les plaisirs sont toûjours assez naturels, & quelquefois trop dangereux : on ne tâche pas tant à les aquerir par la Temperance, qu'à les moderer, ou en plusieurs rencontres, à les éviter entierement.

17. La Iustice rend du bien à ceux qui font du bien, & du mal à ceux qui sans raison font du mal aux autres. Celuy-là fait du mal à un autre sans raison, & contre l'égalité des hommes naturelle, lequel jugeroit ce mal inique, si luy-méme ou quelqu'autre, soit amy soit indifferant, le souffroit en pareilles circonstances.

18. Toute Iustice ét commutative; comme on voit par sa definition. Neanmoins les Philosophes donnent particulierement le nom de Iustice Commutative, à celle qu'on exerce dans le commerce, quand on égale les choses

entr'elles : comme ils donnent le nom de Iustice Distributive à celle qui dans la péne des crimes, ou dans la recompense des vertus, égale les choses & les merites.

## LE MAL.

19. Et ce qui nuit. Nuire, c'ét détruire, ou la chose, comme la mort détruit le vivant : ou le bien de la chose, comme la tristesse détruit le plaisir.

20. Le mal ét naturel & mal de luy-méme, c'ét à dire toûjours mal : comme boire ou manger trop, étre malade : ou Positif & dépendant des Hommes, qui souvent rendent mauvaises les choses bonnes, ou indifferentes, par la péne qu'ils imposent follement, à ceux qui les font : par exemple à ceux qui en Turquie boivent du vin, ou violent le jeûne de Ramadan.

21. Si le mal est Necessaire, on l'apelle Physique. Si nous pouvons l'empécher, on l'apelle Moral. Lors que l'un ou l'autre ét en nous, & qu'il y ét un long-temps, il reçoit le nom de vice : par exemple l'aveuglement, ou de l'Esprit ou du Corps.

22. Il y a deux sortes d'actions ou

d'omissions vicieuses. Quelques-unes, qui ne sont pas Punies par les Loix, comme s'égarer hors du chemin, étre dans l'ignorance, ou dans l'erreur, reçoivent le nom general de Deffauts ou de Manquemens: les autres, qui sont punies par les Loix, & qui détruisent la Societé, sont encore apellées, Pechés ou Crimes.

23. On peche en trois façons, par Excés, par Deffaut, & generalement par Alienation: comme de rendre à Stilicon l'honneur, qu'on devoit à Honorius méme.

24. Vne grande ignorance, ou une grande Passion accompagnent le peché d'infirmité. Mais beaucoup de connoissance, & peu ou point de passion, accompagnent celuy de Malice.

25. Les Hommes commettent le peché de Malice, lors qu'ils joignent ce qu'ils estiment leur bien propre, aveq ce qu'ils savent étre le mal d'autruy, & qu'ils esperent ne pas étre puny.

26. Quelques pechés ne sont pas égaux: par exemple ôter la vie, & consequemment les biens: & ôter les biens seulement. Car on voit que ce dernier peché ét une partie de l'autre: or la partie n'ét pas égale à son tout: *Conclusions,*

1. Donq leur punition ne doit pas être égale. 2. Donq le suplice de celuy qui a tué plusieurs persones, doit être plus grand que de celuy, qui n'en a tué qu'une, &c.

17. Comme il faut raporter tout le bien moral ou dépendant de la volonté des Hommes à la Prudence, aussi il faut raporter à l'Imprudence tout leur mal. J'apelle Imprudence, la Resolution où sont quelques-uns, de faire les choses, sans le soin necessaire pour en découvrir la connexion, la qualité & les évenemens.

18. Remarquez le triple Etat de la vertu & du vice. Car au commencement on les exerce aveq péne: dans le progrés avéque plaisir: à la fin extraordinairement: savoir le vice brutalement, & heroïquement la vertu.

19. La Droite Raison qui établit la vertu, & qui détruit le vice & le peché, ét un vray jugement sur les actions Humaines: par exemple, Qu'il faut laisser aux Hommes, leur liberté naturelle, comme en France. *Observations.* 1. Encore que les Loix Publiques, que l'on contraint de suivre toutes, ne soient pas toutes de vrays jugemens, par exemple les Loix Romaines de la Servi-

tude : neantmoins le jugement qu'on fait de les suivre, ét vray, & consequemment Droit. 2. Encore que la Conscience dans les occasions particuliéres & d'une obscure, mais necessaire & pressante determination, soit souvent erronée; neanmoins le jugement qu'on fait de la suivre ét vray, & consequemment Droit.

## LES CHOSES INDIFFERENTES.

30. I'apelle Indifferentes, les choses dont les Commodités & les Incommodités sont égales.

31. Vne chose peut étre indifferente en deux façons, savoir ni bonne ni mauvaise : comme quand la recompense n'excede pas mais égale le travail, le gain la perte, & le plaisir la tristesse: ou tantôt bonne & tantôt mauvaise, comme croire facilement, qui ét quelquefois une vertu dans les Disciples, & toûjours un deffaut dans les Iuges.

32. Entre les choses indifferentes, je parleray icy des Passions. On nomme Passion une extraordinaire agitation du sang ou des esprits, laquelle peut changer les actions de l'animal. On voit par là que l'agitation qui les change neces-

ſairement ét une Phrenesie, ou quelque maladie differente. Encore on voit que je ne nomme point passions, les connoissances, les volontés, ni les habitudes.

34. Deux agitations, qui ont pour sujet le sang, & trois qui ont pour sujet les esprits, font le nombre des cinq principales Passions : qu'on ne peut pas distinguer seulement, comme je viens de faire : mais encore par le lieu où nous les sentons. Car nous sentons la Ioye & la Tristesse dans le Cœur, l'Admiration dans le Cerueau, enfin l'Inclination & l'Aversion dans les organes, que la nature destine à aquerir & conserver les choses qui nous conviennent, & à éviter les autres.

35. La Dilatation du cœur nous donne le sentiment de la joye, & sa Contraction celuy de la tristesse. Deux causes ouvrent ainsi, & resserrent le cœur extraordinairement : savoir le bon & le mauvais sang, & l'imagination des bonnes & des mauvaises choses. On en voit des exemples en ceux, qui sont joyeux ou tristes sans en savoir la raison: Puis en ceux qui le sont, apres avoir ouy des nouvelles qui leur plaisent, ou leur déplaisent.

36. Dans la joye le ſang coule du cœur aux extremités de l'Animal ; & dans la triſteſſe, des extremités au cœur.

37. Pour ce qui regarde l'Admiration, les eſprits qui la produiſent, ont toutes leurs diverſes agitations dans la téte & le cerveau : & par elles nous font remarquer les cauſes, les effets & les circonſtances, de ce qui nous paroit extraordinairement bon ou mauvais. Quand les eſprits paſſent juſques aux parties exterieures, qui ſervent ou à fuyr & repouſſer le mal, ou à nous joindre avéque le bien, on peut donner le nom d'Inclination ou d'Averſion à leur mouvement.

38. Parce que les Paſſions nous font ſouvent agir avéque trop ou trop peu d'effet, il faut tâcher à les corriger, ou à les acompagner de la raiſon, & de la conſideration de pluſieurs choſes, mais de celles principalement, qui ſuivent les paſſions : du moins les paſſions trop violentes.

## MORALE DE CHACVN à l'égard de luy-méme.

*Les Biens qui nous sont necessaires, leur nombre, leurs temps.*

39. LE Dessein que chacun se propose naturellement, êt d'être contant. & avoir dequoy l'être: savoir 1. la Liberté, ou l'exemtion de la captivité qui nous arrive ou de la nature, par les maladies: ou des Hommes, par l'engagement, l'emprisonnement, l'esclavage, les suplices: ou de nous-mémes par la violence des vices & des passions. 2. la Connoissance des verités qu'il nous importe de n'ignorer pas, dans les usages de la vie: comme il nous importe de ne nous ignorer pas nous-mémes ni les autres aveq qui nous vivons. 3. les Commodités qui contiennent la nourriture, le véteme t, l'habitation, les remedes, les armes; 4. l'occupation & le divertissement.

40. On peut encore raporter les moyens de vivre contant aux trois differences qu'a le Temps, selon qu'il êt present, ou qu'il ne l'êt pas. Ces differences demandent toutes de la medi-

tation & du soin, pour aquerir & conserver les moyens que je dis : enfin pour persuader les causes libres, & apliquer ensemble les necessaires.

41. Deux choses nous tourmentent à l'égard du temps passé, savoir la memoire des biens que nous avons perdus, & des maux que nous avons faits. Mais parce que le passé est irreparable, & presentement necessaire : il faut seulement prendre les moyens, soit d'empécher ce que ses suites ont de facheux : ou de profiter à l'avenir par semblables experiences.

42. Nous employons ordinairement les deux tiers du temps present, par exemple des vingt-quatre heures du jour au repos & au divertissement : l'autre au travail ou de l'esprit, ou du corps. Quoy qu'il en soit, nous devons penser souvent à nos principaux avantages, & éviter ce qui pourroit nous les faire perdre : par exemple les inimitiés & les amours mémes, les débauches & les jeux.

43. Observons les Loix, & aquerons des qualités qui montrent que nous pouvons étre utiles à chacun, & qu'il n'ét utile à personne de nous nuire. Connoissons & soyons connus des gens,

qui ayent le pouvoir & la volonté necessaires pour profiter aux autres : & des gens encore lors qu'il s'en rencontre, qui ayent un esprit, un sens & une sience extraordinaires.

44. Le Desir & la Crainte regardent l'avenir, & rendent mal-heureux ceux qui ne les reglent pas, & qui ne sont pas contans d'avoir fait les choses qu'ils ont pû, quelles que soient les autres qui arrivent,

45. Dans l'Avenir il faut distinguer avéque soin, ce qui dépend de nous, & ce qui dépend seulement d'ailleurs, & qui ne doit nous donner ni du desir ni de la crainte : l'apelle dépendant de nous, non seulement tout ce que nous faisons, mais encore tout ce que d'autres causes, ou libres ou naturelles, font par nôtre moyen.

46. Dans l'Avenir enfin il faut considerer touchant les Biens, Qu'il ét toûjours en nous d'en avoir les principaux: comme la vertu ou la volonté de bien faire. Touchant les Maux, Que ceux qui sont difficiles à soufrir ne sont pas longs: & Que ceux qui sont longs, ne sont pas dificiles à soufrir. Touchant les uns & les autres, il faut considerer l'in-

constance, & l'iniquité de la plus-part des Hommes, & des choses qui arrivent aux Hommes.

## MORALE DANS LA Societé.

*Ce que c'ét que Societé. Celles qui sont particulieres, & qui reçoivent le nom de Famille, de Commerce & d'Amitié: Puis celle qui ét publique : dont je raporte la nature, la necessité, les especes, les parties, les loix.*

47. J'Apelle Societé la Ionction, par laquelle plusieurs veulent s'aider l'un l'autre. Ainsi celle de deux Armées, qui vont se batre : Et apres qu'elles se sont batuës, celle du parti victorieux & du parti vaincu, ou du Seigneur & de l'Esclave ; lors que chacun ne songe qu'à ses interests, n'ét pas une Societé.

48. Nous ne pouvons point, ou du moins nous ne pouvons, que tres-peu de temps & tres-incommodement, étre Seuls, ou hors de toute societé : parce que dans la Solitude, nous manquons des biens qui dépendent des autres : & sommes sujets aux maux, contre les-

quels la Societé ét necessaire : comme elle l'ét par exemple contre l'inerudition, l'ennuy, la maladie, la guerre. Enfin on peut dire que comme la Societé ét necessaire à nôtre naissance, elle l'ét à nôtre conservation.

49. Les Conditions de toutes les Societés, sont seulement trois : savoir d'éviter la Fourberie, la Violence & l'Inutilité. Ce que je dy, paroit par la definition de la societé, peu auparavant raportée, & par l'experience de chacun, s'il se demande à luy méme, Aveq qui il veut se joindre ? Si c'ét aveq qui ne luy fait point de bien : mais du mal, soit ouvertement, soit secretement ? *Conclusions*. Donq, Celuy qui n'observe pas ces loix, qui neglige les pactions, ou n'aime pas la paix, ou enfin n'ét pas accommodant : détruit la Societé. Donq, de quelque pretexte qu'il se couvre, c'ét un insociable & un méchant.

50. La Societé ét de deux sortes. L'une supose la communication des corps; l'autre, celle des biens seulement. La premiere ét la Societé des sexes : qui ét veritablement naturelle à tous les Animaux, mais qui parmi ceux qui s'apellent Raisonnables, ét ordinairement pléne de tant d'incommodités, qu'ils doivent

doivent aporter du soin pour ne s'y tromper pas, & ne cesser pas d'étre ce qu'ils s'apellent. De cette Societé dépend 1. celle des Parens: Descendans, Ascendans, Collateraux, 2. celle des Alliez.

50. La paction par laquelle, quelqu'un s'oblige pour quelque récompense, de donner à un autre son travail, & ce qu'il aquiert par son travail, établit la Societé du Maître & du Valet: laquelle reçoit comme les trois precedentes, le nom de Famille.

51. Ceux qui font des pactions, pour la participation du gain, font une Societé de Cómerce, ou Literaire, ou Mechanique.

52. Toute autre Societé entre peu de personnes, retient le nom general d'Amitié: qui ét plus grande ou moindre, selon qu'elles ont le pouvoir & la volonté de s'aider mutuellement plus ou moins. I'ay dit, entre peu de personnes: parce que la Societé des Amis n'ét pas celle des Citoyens. Il semble méme que comme le secours dans les necessités publiques, fait les Citoyens: Le secours dans les necessitez particuliéres, fait les Amis.

53. Les Societés que ie viens de nommer Famille, Commerce, Amitié, ne sont pas suffisantes à nôtre conserva-

tion, à nôtre bien, ni à nôtre seurté entiére. Car non seulement nous pouvons recevoir du dommage dans ces Societez; mais d'ailleurs: quand peu de personnes, comme ce n'ét pas une chose bien difficile, se joindront contre nous: & que leurs forces, quoy qu'assez peu considerables, suffiront neantmoins pour leur donner l'avantage, & pour nous oprimer nous & les nôtres. Donq la jonction d'vn tres-grand nombre de personnes ét necessaire. On apelle ces personnes Citoyens, ou Peuple: & leur jonction ou leur volonté de s'aider mutuellement, Societé Civile ou Politique: Enfin on apelle ces personnes ensemble, & leur jonction: Etat, & Empire. On apelle encore la jonction de plusieurs Peuples, Confederation.

54. Les Etats sont ou parfaits, ou imparfaits: & moins ou plus miserables, & il n'y a que trop de ces derniers. Quelquefois méme les Peuples, par exemple plusieurs Chrétiens sous l'Empire Otoman, sont si desespérément malheureux, qu'ils pouroient, comme les Matelots dans le naufrage, & les Soldats dans la défaite, crier Sauve qui peut & ce qu'il peut.

55. L'exemple des premiers seroit un

Etat décrit par une ou plusieurs personnes savantes, qui auroient consideré principalement, ce que les Historiens raportent de la Taprobane, des Chinois, & de quelques autres anciens ou nouveaux Peuples : ce que les Poëtes ont feint du Siécle d'or : ce que les Philosophes ont medité sur la nature de l'Homme, & sur le droit Gouvernement: enfin ce que l'on doit conclure de l'ordre, & du desordre méme des Nations. La France peut elle-méme étre encore l'exemple d'un parfait Etat : lors que le Grand Prince qui la gouverne, l'aura renduë riche par le Commerce : redoutable par les Armes : & heureuse par l'Equité, & par les autres avantages, qu'il travaille à luy acquerir.

56. Tout état ét composé de ceux qui commandent & de ceux qui obeïssent. Dans la Monarchie: Vn commande, ou Seul, ou avéque ses Collegues, comme le Philosophe Antonin, & Verus Commodus. Dans la Republique, plusieurs: savoir quelques-uns dans l'Aristocratie: & dans la Democratie, tout le Peuple, soit par luy-méme, soit par ses députez.

57. La Puissance de commander, de contraindre, & de punir, ét necessaire à la Societé civile. Autrement, tous se-

roient ce qu'ils voudroient. Or quelques-uns voudroient étre dommageables : & plusieurs qui voudroient étre utiles, les uns d'une façon, & les autres de l'autre, s'empécheroient mutuellement, & détruiroient la societé. Donq afin qu'ils la conservent, ils doivent soûmettre leur volonté, à celle d un ou de quelques-uns qui leur commandent, & qui ayent le pouvoir de punir les desobeïssans. Qu'on ne s'étonne donq pas, si les pénes & les violences, qui détruisent la societé, luy sont neanmoins necessaires: contre ceux qui l'ont violée, ou en particulier : ou generalement, & par le crime de Leze-Majesté.

58 On apelle Loy, la volonté declarée de qui a le pouvoir de punir. Il faut remarquer dans la Loy. 1. les choses qu'elle permet, qu'elle ordonne, ou qu'elle deffend : selon qu'elles sont indifferentes: & bonnes ou mauuaises considerablement : 2. la péne qu'elle impose, à ceux qui empéchent, qui ne font pas, ou qui font ces choses.

59. Pour la péne, sans doute elle doit étre proportionnée, ou égale au crime. Car si elle étoit moindre : elle seroit la péne, seulement d'une partie de ce qu'on auroit fait. Si elle étoit plus grande:

elle seroit la péne de ce que l'on auroit fait, & de ce que l'on n'auroit pas fait.

60. Pour les choses, qui sont les objets des Loix : on les raporte toutes au Droit Naturel, au Droit des Gens, & au Droit Civil, lequel ét l'aplication des deux premiers aux circonstances particuliéres. C'ét pourquoy il change, & peut méme quelquefois étre injuste : savoir lors qu'il n'ét pas tiré, ou qu'il est mal tiré de quelque vray jugement : comme on voit dans plusieurs Loix abrogées, par Iustinien & par d'autres.

61. Les deux premiéres sortes de Droit, contiennent les choses que la necessité de la nature, & l'évidence de la raison, enségnent à tous les Hommes : & que l'on remarque ou dans les animaux generalement, ou seulement dans les Hommes mémes.

62. Les exemples du Droit Naturel, sont la conjonction des Mâles & des Femelles. La procreation & l'éducation de leurs descendans. La recherche & la defense des avantages necessaires. Les exemples du Droit des Gens sont, de vivre dans quelque Societé Politique, de ne nuire point à qui ne nuit point. Ceux du Droit Civil juste, sont d'établir dans Rome des Censeurs, ou des Inspe-

cteurs publics. De fonder dans Athenes vn Pritanée, c'ét à dire une Maison où soient nourris & recompensés ceux qui ont servi la Patrie, ou par leur esprit, ou par leur bien, ou par leur travail. D'ordonner dans la Chine que les Mandarins, ou les Gouverneurs des Provinces, soient Savans.

63. Il me semble devoir raporter icy deux Propositions qui servent de fondement à tout ce que le Droit Civil peut contenir de juste. Voicy l'une de ces propositions. Tous les Hommes sont naturellement égaux. Car 1. ils naissent & meurent tous également : & entre leur naissance & leur mort, ils tâchent tous à faire ce qu'ils veulent, & veulent tous ce qu'ils jugent leur bien. 2. Chacun en plusieurs rencontres, peut conserver & ôter la vie à un autre. Chacun a ses perfections & ses deffaux. 3. Si les Hommes les plus sages combatoient contre les plus vaillans, ou au contraire ceux-cy contre les autres, ils ne remporteroient pas toûjours la victoire : comme les plus sages & les plus vaillans ne la remporteroient pas, méme joints ensemble contre ceux qui leur resisteroient, & qui les surpasseroient peut-être par la multitude, ou par quelque fortuit évenement.

64. On peut de la propofition precedente tirer plufieurs Conclufions. Tous les Hommes font naturellement égaux: Donq 1. vous pouvez juger des autres, comme de vous-mémes & par vous-mémes. 2. Neanmoins ne jugés pas feul de ce qui ne vous regarde pas feul. 3. Chacun doit efperer, & chacun doit craindre. Il faut atendre qu'on nous rende le bien & le mal, dont nous ferons caufes. La Reconnoiffance & la péne du Talion font donq juftes. Donq ce que j'ay dit, Qu'il faut étre acommodant, n'oblige pas toûjours pour l'effet, mais devant le tribunal de la Confience, ou dans la preparation de l'efprit. Et il n'ét pas de l'equité & de l'égalité naturelle, d'ordonner aux autres de nous faire du bien, pendant que nous leur ferons du mal. 4. L'avantage doit étre du méme côté que le defavantage. 5. Divifés les chofes à ceux, dont les pretentions font égales. 6. L'un ne doit pas faire à l'autre, ce qu'il ne veut pas luy étre fait. Perfonne ne doit donq commander ce qu'i ne voudroit pas luy étre commandé. Comme il ne doit pas non plus reprendre, ni moins encore punir, ce qu'il voudroit faire luy-méme en pareilles circonftances. Enfin il ne doit ni s'en-

richir par la povreté de qui que ce soit, ni profiter à l'un pour nuire à l'autre. Encore une Conclusion, c'ét que l'Aggresseur ét toûjours inique.

65. Parce que chacun prefere ses interéts à ceux d'un autre : les Hommes sortiroient de l'égalité, s'ils n'établissoient des Magistrats, c'ét à dire des Personnes qui par leurs vertus & leurs connoissances politiques ou apertenantes à la Societé, sont propres au commandement : enfin qui pour conserver l'égalité sont hors d'elle.

66. La Puissance qu'ont les Magistrats de deffendre le Raisonnable & le Citoyen, contre le Méchant & l'Ennemi, ét necessairement la méme, que celle de deffendre ces derniers contre les autres. C'est donq une puissance, de laquelle on ne doit disposer qu'aveq une prudence extréme.

67. La Seconde Proposition servant à établir ce que le Droit Civil peut ordonner, ét celle qui suit. Les choses, qui sont bonnes à tous, ou à un plus grand nombre, doivent étre preferées aux autres. *Conclusions*. 1. Donq les differents qui se rencontrent dans la Societé Politique, doivent étre terminés paisiblement & entre les parties mémes, ou leurs

amis, ou leurs arbitres. 2. Les biens ne doivent étre ni particuliers à un, ni pour éviter la negligence & les querelles, communs à tous. Ils doivent donq étre divisés. 3. Quiconque a plus de bien à conserver, doit plus contribuer pour le conserver. 4. Dans les Assemblées, on doit suivre le sentiment de la plus grande partie. 5. Il vaut mieux que le particulier soit incommodé que le publiq: Ce publiq, c'ét vous & les autres.

68. Remarqués qu'icy je ne traite pas particulierement de quelques choses, d'ailleurs considerables: par exemple de l'Honneur que plusieurs estiment trop, & qu'ils savent neanmoins n'étre qu'une suite des biens, qu'ils devroient tâcher d'aquerir, & qu'ils trouveront suffisamment expliqués dans cette Morale. Je définis l'Honneur, un jugement par lequel les autres nous attribuënt quelques bonnes qualités.

69. Parce qu'encore dans la Philosophie, on considére les choses & les Societés purement naturelles: Je n'y traite pas des Religions. Outreque la nôtre exceptée, dont les principaux ensegnemens sont la Justice & la Charité: c'ét à dire le bien que nous faisons, à ceux qui nous en ont fait & aux autres: elles

ſont toutes fauſſes : & cauſes des diſſenſions, des guerres, & generalement de pluſieurs malheurs. Ainſi l'on peut s'étonner que la Republique des Nuſquamiens, écrite par le celebre Thomas Morus Chancelier d'Angleterre, les ait laiſſées comme dans l'indifference.

# AXIOMES,

## *Répondans aux trois parties de la Morale.*

### AXIOMES ETHIQVES.

1. TOut ce qui ét dans les choſes & qui les perfectionne, principalement pour l'action, c'ét leur Vertu. 2. Il n'ét rien, qui n'ait ſon bon & mauvais uſage. 3. Le Bien ſe communique. 4. Les choſes Humaines ne ſont iamais ſans incommodité. 5. Il faut juger par la raiſon, & non pas par les exemples. 6. Preferés le certain à l'incertain. 7. On ne ſouhaite pas ce que l'on ne connoit pas, ou ce que l'on connoit comme impoſſible. 8. Les veritez ſont odieuſes. *Savoir, ou par l'amour propre, à celuy à qui on les dit, ou par l'envie aux autres.* 9. La plus grande partie de nôtre bien

dépend des circonſtances. 10. La volonté des Hommes ét ambulatoire & changeante, juſques à la Mort. 11. La pire de toutes les corruptions, ét celle des meilleures choſes.

## MONASTIQVES.

12. Bien vivre & ſe réjoüir, c'ét tout l'Homme. 13. Regardés la Fin. Et, ſouvent demandés ou aux autres, ou à vous-mémes : A quoy ſert cela ? Dans la breveté de la vie, Prenés pour mauvaiſes, les choſes qui demandent plus de ſoin qu'elles n'aportent d'utilité. 14. Quiconque veut long-temps joüir ou des Siences ou des autres biens, doit tâcher à les aquerir promptement. 15. Les choſes neceſſaires ne ſont ni difficiles, ni en grand nombre. 16. Vn des principaux preceptes de la Morale ét la Meditation: & l'invention des milieux & des expediens. 17. Il y a quelquefois ſujet de s'éloigner des regles communes. 18. Quiconque ét perſuadé par la raiſon, ét perſuadé pour tout le temps, qu'il ſera raiſonnable.

## POLITIQVES.

19. *Platon dit que*, Les Etats ſont heureux, quand ceux qui les gouvernent, s'apliquent à l'étude de la Sageſſe. 20. Le malheur de la Politique ét, que la puiſ-

sance & la vertu quelquefois sont divisées : c'ét à dire, que celuy qui veut bien faire, ne le peut pas ; & celuy qui le peut, ne le veut pas. 21. Vne des marques assurées de la dépravation d'un Etat, c'ét lors qu'il ét facile de faire injure : & qu'il n'ét pas facile de la reparer. 22. Ce qui ét violant ne dure point. 23. Les forces sont plus puissantes unies, que separées. 24. Nul n'a empire sur son égal, ni moins encore sur son superieur. 25. Vne volonté contraire peut rompre, ce qu'une autre a étably. 26. La violence, l'ignorance, & l'erreur, empéchent le consentement. 27. Quand les choses n'apartiennent à personne, elles sont à celuy qui les prend. 28. Le Droit ét pour le possesseur. 29. Nul n'ét obligé au delà de son pouvoir. 30. *Vne des Sentences du Droit Romain ét que* Nul n'ét contraint de faire du bien à un autre, mais seulement de ne luy nuire pas. 31. Les bonnes & les mauvaises actions sont personnelles. 32. Souvent, soufrir une injure, c'ét comme en inviter une autre. 33. Les erreurs communes l'emportent toûjours sur la verité. 34. Pour empécher les choses, qui ne sont pas permises : on empéche quelquefois celles qui le sont.

*Fin de la Morale.*

# THEOLOGIE NATVRELLE.

## L'AME RAISONNABLE.

### TABLE.

*La Nature, les Actions, & les Puissances de l'Ame.*

### LA NATVRE DE L'AME.

1. PROPOSITION.

NOus avons une Ame Raisonnable: Puis que nous sommes animés & vivans: Et que nous raisonnons. J'apelle Ame Raisonnable, un esprit uni à nôtre corps.

2. L'Ame Raisonnable n'êt pas corporelle: C'êt à dire qu'elle n'êt pas l'étenduë, ou le mouvement & les autres dispositions de l'étenduë, qui ont des parties, & qui ne connoissent ni ne veulent point. Elle ne vient pas non plus

I

d'une cauſe corporelle. Car la cauſe ſeroit moins parfaite que l'effet. Enfin elle ne change pas dans les changemens du corps. L'enfance, la vieilleſſe, le ſommeil, la furie, ne l'empéchent pas de raiſonner toûjours également bien, & toûjours conformément à ſes perceptions. Ainſi les enfans par exemple, preferent une pomme qu'ils connoiſſent, à l'or & à l'argent, qu'ils ne connoiſſent pas.

3. Les choſes que nous remarquons dans la Nature, capables de corruption, ſont les accidens, ou du Corps, comme la jonction & la diſpoſition de ſes parties: ou de l'Ame, ſavoir ſes connoiſſances & ſes volontez. Mais comme le Corps ou le ſujet des premiers accidans dont i'ay parlé, n'êt pas capable de corruption: on infere que celuy des autres, ne l'êt pas non plus. Et c'êt le fondement Phyſique, de la doctrine des Philoſophes, touchant l'Immortalité.

4. L'Experience montre, que nous connoiſſons auſſi aſſurément, ou encore plus aſſurément, l'exiſtence de nôtre Ame & la diference de ſes perceptions: que l'exiſtence d'aucun autre objet, par exemple de ce Liure, & la difference ou la multitude de ſes proprietés.

5. L'Vnion de l'Ame & du Corps,

consiste en ce que quelques mouvemens du Corps font naître dans l'Ame, quelques connoissances tantôt agreables ou desagreables, & tantôt indifferentes, selon qu'elles nous importent, ou qu'elles ne nous importent pas: Et au contraire, en ce que quelques connoissances, ou plutôt quelques volontez de l'Ame, font suivre quelques mouvemens dans le corps. *Conclusions*. 1. L'Ame est donq unie immediatement aux esprits, ou aux parties du sang les plus subtiles: par les esprits aux nerfs, & par les nerfs à tout le reste de ce que le corps contient. 2. L'Vnion que je viens de dire, ét donq arretée & permanente du costé des nerfs & de l'ame, mais elle ne l'ét pas du coté des esprits.

6. Par la Loy generale des choses naturelles, qui demeurent dans l'état où elles sont jusques à ce qu'elles en soient empéchées: on entend celle, qui conserve l'Ame unie au Corps: En sorte que ces deux parties demeurent comme elles étoient au commencement, jusques à ce qu'elles en soient empéchées, par la consumtion des esprits: laquelle s'apelle, la Mort de l'Homme.

## LES ACTIONS ET LES PVISSANCES DE L'AME.

7. LEs Actions de l'Ame sont celles qu'elle produit, savoir les Conceptions, les Iugemens & les Volontés: ou qu'elle commande, comme quelques mouvemens du corps. L'experience montre, que ces trois dernieres actions sont libres : comme elle montre, que la plusspart des conceptions sont necessaires. Elle montre encore dans les personnes ou lassées ou paralytiques, que si ces mouvemens manquent, l'Ame ne les peut produire.

8. Les actions de l'Ame sont dans l'Ame, & dans la partie du Corps où on les sent : savoir dans le cerveau, ou encore hors du cerveau. Car il ne faut pas juger contre l'experience, ni dire par exemple que l'on a mal à la téte, quand on se plaint de la goute aux piés.

9. Toutes ces actions de l'Ame sont des Connoissances & des expressions vivantes, ou des objets, ou d'elles mémes. Ainsi quiconque veut, connoit qu'il veut, & la chose laquelle il veut. La determination méme des mouvemens corporels ét une volonté, & consequem-

ment une connoissance. On a donq raison de nommer l'Ame & generalement l'esprit, Vn être connoissant.

10. Nos connoissances ont toûjours pour objet prochain ou éloigné, quelque chose corporelle & imaginable, comme l'experience fait voir.

11. Elles sont differemment divisées. Savoir 1. en particulieres ou imparfaites, comme toutes les perceptions Humaines; & Totales, apellées Comprehensions. 2. En connoissances des objets, ou des commoditez & des incommoditez qu'ils nous apportent, & connoissances de connoissances, auxquelles on donne le nom de Reflexions. 3. En Simples, & accompagnées d'Affirmation, de Negation, de Propension. 4. En experiences & conjectures, savoir tous les Raisonnemens.

12. Enfin elles sont divisées, en quatre sortes, qui sont le Plaisir, la Douleur, le Chatoüillement & les Connoissances indifferentes. Le Plaisir agrée, la Douleur déplait, le Chatoüillement ét mélé de l'un & de l'autre. Les Connoissances differentes de ces trois, sont celles, que j'apelle indifferentes.

13. Icy & en plusieurs autres rencontres, une chose reçoit differens noms.

Car l'Esprit Humain, s'il connoit les chos.s corporelles, reçoit le nom de Sens. S'il connoit les choses spirituelles, & qu'il juge soit de celles-là, soit des autres, il reçoit celuy d'Entendement. On l'apelle Apetit, s'il veut des choses corporelles : Et s'il veut des choses spirituelles, par exemple ses connoissances, Volonté. Enfin lors qu'il determine les esprits, il reçoit le nom ou d'Esprit ou d'Ame.

14. Sentir, c'ét étre touché & apercevoir qu'on l'ét. Les objets exterieurs ou interieurs, touchent les Sens, qu'on apelle pareillement exterieurs ou interieurs.

15. Les Sens exterieurs sont cinq, la Veuë, l'Oüye, le Goust, l'Odorat. Le cinquiéme retient le nom general de Toucher.

16. Parce que tous les Sens que j'ay raportez, sont recüeillis dans la téte: l'Imagination ou le sens commun, méme en leur assoupissement dans le reste du corps, connoit tous leurs objets. Ce qui arrive quand les organes de ces Sens sont agités dans la téte par les esprits, en la méme façon à peu pres, qu'ils le feroient par les objets de dehors.

17. La Memoire consiste en ce que

les premieres choses que nous avons connuës, ont imprimé dans le cerveau quelques vestiges, formé quelques figures, & ouvert quelques pores. C'ét pourquoy les esprits qui surviennent, y trouvent de plus faciles passages : Et ainsi les derniers objets excitent en nous le souvenir des autres.

18. Outre tous ces sens interieurs que le cerveau contient : il en est d'autres, hors du cerveau : par exemple ces sortes de douleur, qu'on apelle, faim, soif, nausée, ou envie de vomir.

19. Nous avons un Entendement : c'ét à dire une Puissance, qui connoit les choses spirituelles, par raport aux corporelles, & qui juge de toutes les deux. Car non seulement nous pouvons connoistre, par exemple la figure d'un Bâtiment, & les bornes d'une Province : mais connoitre que nous les connoissons. Non seulement nous pouvons nous representer vn Architecte qui bâtit, & un Prince qui commande : mais encore un Esprit, qui dans le Monde, fait à peu pres les mémes choses.

20. Les Iugemens ont deux sortes de certitude, l'une quand on ne peut douter des objets, parce qu'ils sont évidens : comme sont plusieurs choses naturelles.

l'autre, quand on n'en veut point douter, & qu'on a pour eux de l'attachement ; comme quelques Philosophes en ont pour Aristote, & quelques autres pour d'autres.

21. Il ét des Iugemens Stables & Generaux, qui souvent sont comme les regles de la vie, & qui consequemment nous importent beaucoup. Ces Iugemens sont ordinairement fondez sur les inclinations propres à chacun, sur l'éducation, sur la coûtume ou nôtre ou d'autruy, sur l'opinion que nous faisons ou de nous-mémes ou de ceux aveq qui nous vivons, & de qui nous voyons les actions, entendons les paroles & lisons les ouvrages.

22. Afin de nous délivrer des faux jugemens, que nous avons presque tous, & que neanmoins personne ne croit avoir, Il faut une ou plusieurs fois en nôtre vie, faire de nôtre esprit, comme une table d'attente, rejetter par le doute ou autrement nos préjugés, enfin imiter quiconque apres avoir cueilly péle-méle de bons & de mauvais fruits, les verse tous pour les choisir.

23. Si l'on compare les choses de l'Esprit, aveq celles de la Fortune, on peut remarquer, que *Savoir*, c'ét comme

être riche & avoir beaucoup de biens assurés. Opiner, c'ét comme étre incertain proprietaire. Ignorer c'ét ne rien avoir: Mais étre dans l'Erreur, c'ét avoir moins que rien, ou ressembler à ceux qui n'ont rien & qui doivent.

24. Vne action ét libre, quand nous pouvons la faire & ne la faire pas, ou en faire une autre contraire. Quand, par exemple nous pouvons aimer & n'aimer pas: Aimer & haïr les biens & les maux peu considerables. Quand nous pouvons décendre, ne décendre pas, ou encore monter.

25. Remarqués, 1. Que nous avons conjointement les Puissances dont je viens de parler, mais que nous n'en produisons les actions que separément. 2. Que ces Puissances établissent deux sortes de Liberté. L'vne de perfection, lors que les choses qu'elles ont pour objet sont loüables: & l'autre de defaut, lors qu'elles ne le sont pas.

26. Quelques-uns par des choses qu'ils ne conçoivent pas clairement, rejettent mal à propos la Liberté qu'ils conçoivent clairement, & qu'ils experimentent.

27. On apelle Desirs, les actions de l'Apetit & de la Volonté, qui tendent

toutes à acquerir, conserver, ou éviter quelques choses, soit pour nôtre avantage, ou pour celuy d'autruy : soit par la concupiscence, ou par la bienveillance. Car ordinairement on nomme ainsi ces actions : aux quelles on peut ce semble, ajoûter les desirs que nous avons quelquefois pour des objets indiferens.

28. Les Combats qui sont entre le Corps & l'Ame consistent, en ce que l'Ame tache à donner aux esprits, une autre determination, que celle qu'ils ont naturellement.

## LES INTELLIGENCES.

*Leurs noms & leur definition. Par quelle raison on prouve quelles sont, & qu'elles sont separées des corps. Comment elles connoissent, & comment nous les connoissons.*

29. LEs Esprits que j'apelle Intelligences, ont encore été nommés par les premiers Grecs Demons, ou Savans: & par les autres, Anges ou Annonciateurs. Enfin par les Latins, Genies.

30 On definit les Intelligences, des Esprits, ou separés des corps : ou plus parfaits que l'Homme, & moins par-

faits que Dieu. De sorte qu'elles sont comme un milieu, entre Dieu & l'Homme : comme l'Homme l'ét entr'elles & les corps.

31. C'ét de là qu'on tire la raison de l'existence des Intelligences, laquelle on croit des plus vray-semblables. J'ajoûte que le Monde, dont nous habitons une des moindres parties, ét trop grand, pour n'étre l'objet que de nôtre seul esprit.

32. Les Intelligences peuvent avoir leurs perceptions, par le mouvement imprimé à quelques corps subtils : sans neanmoins étre unies à ces corps, ensorte qu'elles en reçoivent de la douleur ou de la joye.

33. Tout ce que nous pouvons naturellement connoitre des Intelligences, ét tiré de notre Ame, comparée aveq elles par augmentation : comme plusieurs jugent, que tout ce que nous pouvons connoitre de l'ame des bétes, ét encore tiré de notre Ame, mais par diminution.

# DIEV.

*Sa Notion, son Existence, ses Atributs.*

34. CE mot, *Dieu*, signifie un être, intelligent, necessaire, & souverainement parfait.

35. Pour l'existence d'un Etre intelligeant, nul n'en peut douter s'il se considere luy-méme : Et s'il considere qu'il ét, & qu'il ét connoissant : Ou enfin s'il considere, qu'il faut beaucoup d'esprit pour entendre les ouvrages de la Nature, & que consequemment, il en faut beaucoup davantage pour les faire, & leur donner le mouvement, la figure & l'ordre qu'ils n'ont pas d'eux-mémes.

36. On ne sauroit douter non plus de l'existence d'un Etre necessaire. Car si toutes choses pouvoient n'être pas: Qu'on supose donq qu'elles ne sont pas, & qu'il n'y a rien. Tout ét donq impossible. Ce qu'on ne peut suposer, & que neanmoins on supose.

37. Il y a quelque Etre souverainement parfait, c'ét à dire aussi Parfait qu'il peut étre. Car si toutes choses pouvoient avoir plus de perfection, ce plus leur viendroit du neant. On prouve

prouveque Dieu ét tres-parfait, encore par ce discours. Si les Perfections qui luy manqueroient, étoiant impossibles, elles ne seroient pas des Perfections. Si elles étoient possibles, il les contiendroit comme la cause contient l'effet. Elles ne luy manqueroient donq pas.

38. Les Philosophes, de quelque côté qu'ils se tournent, & quelques opinions qu'ils puissent suivre, doivent icy recevoir un Etre infini, & par consequent un étre que leur esprit fini ne peut concevoir clairement. Voicy la raison de ma Proposition. Il faut que le Monde ait commencé par une Cause infinie : ou s'il n'a pas commencé, il faut qu'il ait duré Infiniment,

39. On peut oposer trois choses considerables. 1. Qu'il ét inconcevable, que l'Etendue & le Temps, ayent ni commencement ni fin, & qu'ainsi il ét encore inconcevable, qu'il y ait une cause de l'un ou de l'autre. 2. Qu'un Etre souverainement parfait ne permetroit aucun mal, mémes pour en tirer du bien : lequel il tireroit plutôt d'un autre bien. 3. Que sans prouver la Divinité, on peut prouver une Souveraine perfection dans le Monde, mais une perfection divisée à plusieurs.

40. Ie répons. 1. Que les choses ne laissent pas d'étre vrayes, quoy que nous n'en ayons pas une claire perception, comme nous ne l'avons pas par exemple, des Vers de terre. 2. Qu'en effet Dieu pouvoit ne permettre aucun mal, mais qu'il a voulu neanmoins, en permettre pour diverses raisons, comme pour faire voir aux Hommes, qu'ils ne sont pas les maîtres des choses. 3. Qu'encore que les perfections soient divisées, de la sorte que l'on veut : on doit toutefois donner, à celuy ou à ceux qui en ont davantage, le nom de Divinité.

41. Dieu ét, 1. un Acte pur : Puis qu'il ne peut recevoir ni le bien qu'il a, ni le mal qu'il ne peut avoir, 2. Il ét unique. Car dans une Multitude de Dieux, nul ne seroit tres-parfait, ou plus parfait que tous les autres. 3. Dieu ét Eternel, puis qu'il ét indépendant. 4. Dieu ét Immense : ou present à toutes choses, qu'il connoit, qu'il veut, qu'il produit. 5. Dieu ét Immuable. Car par la premiere de ces Propositions, il ne peut changer ni en bien ni en mal. Outre que s'il acqueroit quelques plus grands biens, il auroit été imparfait : comme il le seroit s'il en acqueroit de moindres : ou mémes d'égaux, parce que ce changement mar-

queroit quelque sorte de legereté. Enfin dans la nature & dans les effets de Dieu, nous remarquons toûjours les mémes choses.

42. Dieu, 6. ét libre, puis que rien ne peut empécher sa liberté, ni la nôtre méme, que la violence, l'ignorance & l'erreur, qui sont tres-éloignées de la Divinité. 7. Dieu ét Auteur du Monde, 8. Il ét Providant: c'ét à dire il prévoit, peut, & fait les choses utiles qui arrivent aux Hommes: Ces deux Propositions, comme les precedentes & les autres semblables, sont les suites d'une perfection souveraine.

## AXIOMES,

*Ou communs à tous les Esprits, ou propres à celuy de l'Homme.*

1. ON ne peut non plus suposer des figures, par exemple, ou des couleurs dans les Esprits: que des pensées ou des inclinations, dans les Corps. 2. Ie connois. 3. Il faut que celuy qui connoit, tourne son esprit vers les Images, ou les traces marquées dans le cerveau. 4. Les Conceptions sont les regles des Iugemens: & les Iugemens, celles des Vo-

lontez. 5. Ce que nous ſavons, ét ce dequoy nous pouvons nous ſouvenir. 6. Les choſes acoûtumées ne nous touchent pas. 7. L'Ame, *ou plûtôt le ſoin de l'Ame* ét, où ſont ſes affections. 8. Les Plaiſirs les plus parfaits & les plus durables, ſont ceux qui dépendent de l'Eſprit & de ſes belles connoiſſances. 9. N'attribuez pas à l'Ame, ce qui peut venir du Corps : *Par exemple la nourriture, l'accroiſſement. Et pour ce qui regarde mêmes la connoiſſance, ſa promtitude, & ſa lenteur.* 10. Tachez d'étre, ce que vous voulez étre eſtimé : *Savant, Vertueux, &c.*

*Fin de la Theologie Naturelle.*

# PHYSIQVE.

## LES CORPS.

### TABLE.

*On aprend icy leurs Principes & leurs Parties. Leurs Atributs & leurs Qualitez, ou Premieres ou autres.*

## LES PRINCIPES ET LES PARTIES DES CORPS.

1. IL y a des choses Corporelles. Car l'experience que nous en avons, & que nous en avons quelquefois malgré nous, n'ét pas une connoissance ou une image de rien. Et, elle ét en sorte évidente & manifeste, que nulle autre ne la peut ou confirmer, ou moins encore détruire.

2. Dans la Physique, je n'auray pas besoin de recevoir d'autre Substance des corps, que l'Etendüe : ni d'autres Formes ou façons des corps, que cinq. La

Grandeur de leurs Parties, leur extrémité ou leur Figure, leur Situation, ou leur arrangement : le Changement ou la Stabilité de cette Situation, c'ét à dire le Mouvement d'un lieu à l'autre, & le Repos oposé à ce mouvement.

3. Comme ces seules choses sont claires dans les Corps, & mémes connuës par plusieurs sens, aussi dans la Physique, elles sont seules les principes & les fondemens des autres. Il faut avéque d'autant plus de soin remarquer, ce que ie viens de dire : que c'ét contre quoy, tous les faux Physiciens manquent.

4. On conçoit toûjours, l'étenduë ou le corps estre de trois Dimensions, nommées : Longueur, Largeur & Profondeur. Mais quand on considere principalement la premiere, ou quand dans le corps on détermine une seule dimension, elle reçoit le nom de Ligne. Quand on considere les deux autres, la seconde ét une Superficie ou deux dimensions : & la troisiéme un Corps, ou trois dimensions. Le corps renferme la superficie, & la superficie la ligne.

5. On ne conçoit point de fin dans la grandeur, ni dans la petitesse de l'étenduë. *Conclusions*. 1. Donq les Physiciens n'en doivent pas supóser, mais apeller

l'une & l'autre indefinies. 2. Donq ils ne doivent pas non plus supoſer de vuide, ou d'interruption & de fin dans les corps. Et dire que le vuide ét une étenduë où il n'y a rien, c'ét ſe contredire : ou dire que l'étenduë ét quelque choſe & rien.

6. I'apelle Poinct, une petiteſſe indefinie: ou moindre qu'aucune qu'on ſauroit déterminer. Vne grandeur indefinie, ou celle qui ſurpaſſe toutes les autres grandeurs ou étenduës particulieres, c'ét ce que chacun apelle Monde ou aſſemblage des Corps.

7. L'experience fait voir que les grands Corps ſont compoſés des petits. Par exemple le Monde ét compoſé du Ciel, des Aſtres, & du Globe qui ét la demeure des Hommes. Ce Globe ét compoſé de Feu, d'Air, d'Eau & de Terre. La Terre ét compoſée par exemple de Pierres & de Metaux, qui ont encore leurs parties, & ces parties encore d'autres. De ſorte que pluſieurs en croyent pluſieurs millions, ou en un ciron, ou à la pointe d'une aiguille.

8. Il faut ſavoir que les Corps compoſent d'autres corps, quand ils ſont unis : c'ét à dire quand on n'en peut tirer l'un, ſans tirer l'autre. Ce qui arrive

en trois manieres. 1. Par leur touchement ensemble & par leur repos. 2 Par leur entrelassement, qui ét l'union des filets dans une étoffe, de la terre & des racines dans les tourbes, enfin des parties en tout ce que l'on nomme Mistes: lesquels ne sont corruptibles, que par la dissolution, ou le détachement, & non pas par la fraction des autres corps, dont ils sont mélés ou composés. 3. Les corps sont joins par leur inclusion : comme les poissons & la nasse ou le bateau, qui les renferme.

9. Les parties des corps unies de la premiere façon, sont distinguées seulement par raport & exterieurement: en ce que les unes regardent pour exemple, l'Orient & les autres l'Occident: en ce qu'elles répondent à davantage d'autres petites parties interieurement distinguées, dont ie parleray apres.

10. Les parties des corps qui se touchent, & qui reposent l'une contre l'autre, sont naturellement indivisibles. Car pourquoy seroient-elles divisées en un endroit, plûtôt qu'en un autre? Mémes le mouvement qui les diviseroit, les pousseroit toutes également, & ainsi ne les diviseroit pas.

11. Ie donne à ces parties, le nom de

Corps simples, ou encore d'Atomes Physiques & naturels : afin de ne les confondre pas aveq ces autres Atomes, qui sont à ce qu'on dit corporels, mais qui *neanmoins n'ont point de parties ni de* figures, qui n'occupent point d'espace, enfin qui sont ce qu'on ne conçoit pas qu'ils soient.

12. Pour les parties interieurement distinguées, ou elles ne se touchent point, comme les branches d'un arbre & les racines, les corps lumineux d'une chandelle, & ceux du Soleil : ou elles ont une difference d'accidens, l'une le mouvemment, l'autre le repos : ou toutes le mouvement, mais divers & semblable à celuy par exemple de deux pieces de marbre, qu'on fait glisser l'une contre l'autre, apres les avoir polies.

## LES ATRIBUTS DES CORPS, ET LEURS PREMIERES QUALITEZ.

13. CHâcun sait par l'experience que les corps sont étendus, & qu'ils ont leurs parties les unes hors des autres. *Conclusions.* 1. Ils sont donq naturellement impenetrables. 2. Ils ne sont donq naturellement, qu'en une part. Car les autres endroits du monde sont pleins d'au-

tres corps ; & d'autres corps, ainsi que je viens de dire, impenetrables. 3. Tous les corps sont Durs, ou tels qu'ils ne peuvent penetrer mutuellement leur substance. Les corps qu'on apelle Mols, font souvent paroître qu'ils sont ce qu'on ne les apelle pas, Durs : comme montre l'air renfermé en vn balon, ou ailleurs. 4. Il n'y a pas plus de substance ou de matiere, par exemple en un rocher, qu'en une pareille quantité d'air: parce qu'il n'y a pas davantage d'étenduë. 5. Le corps ét ingenerable & incorruptible, puis que l'étenduë l'ét.

14. Ie nomme Lieux ou Espaces, les corps qui sont toûjours entr'eux en méme distance, mais non pas des autres qu'ils contiennent : comme on peut voir dans les parties d'un Navire & dans les Navigateurs qui sont à la Prouë, sur le Tillac, ailleurs.

15. Le Temps ét un Mouvement connu, égal & divisé en plusieurs parties : par exemple celuy de la Lune. Le Temps qui n'a point de fin, reçoit le nom d'Eternité. Celuy qui ét finy contient seulement quelque nombre de siecles, d'années, de mois, de iours & de nuits, d'heures & de momens.

16. Le Mouvement, ét un changement

de diſtance. Quand le mouvement change notablement les parties du corps : c'ét un mouvement à la Subſtance, ou une Generation & une Corruption. Quand il ne les change pas notablement, on l'apelle Alteration, ou mouvement à la Qualité. Comme on l'apelle mouvement à la Quantité, ou Augmentation & Diminution, s'il en change la grandeur. Parce que l'augmentation arrive en deux manieres, interieurement & exterieurement, quelques Philoſophes luy donnent le nom d'Intuſception & de Iuſtapoſition : lequel répond à ces deux manieres.

14. On aperçoit les mouvemens, ou ſeulement par un ſens, comme la chaleur : ou par pluſieurs comme par le toucher enſemble & par l'oüye, le vent : ou par aucun ſens, comme quelques mouvemens des corps ſubtils. La ſeconde diviſion du mouvement ét encore en trois ſortes, qui établiſſent les actions de Pouſſer, Tirer, Porter : mais celle de pouſſer contient, ce ſemble, toutes les autres. Pour la troiſiéme diviſion, ie la prends de la Lenteur, & de la Viteſſe, ſelon que les choſes ſe remuënt en plus ou moins de temps, dans moins ou plus d'eſpace. Le mouvement des animaux

ét naturel, c'ét à dire conforme à la disposition de leurs corps: ou violant. Le mouvement violant dans les hommes, ét contraire à leur volonté.

18 Puis que le mouvement ét un changement de distance, ou un transport : on peut considerer trois sortes de corps, à l'égard de celuy qui se remuë. Les corps d'où il ét transporté & d'où il vient, où il va, & par où il passe. On donne à ces derniers, le nom de Milieu, parce qu'ils sont entre les autres, qu'on apelle Termes du départ & de l'abord.

19. La cause particuliere du mouvement, ét un autre mouvement, comme l'experience montre. Encore elle montre que le mouvement des grands corps, dépend toûjours des petits : par exemple du feu, des esprits, &c.

20. Ie rapporteray icy, cinq Proprietez du mouvement, 1. Tout mouvement ét Successif: Et s'il ne l'étoit pas, la méme chose au méme temps seroit en plusieurs lieux. 2. Il ét Permanant, soit dans le sujet où il ét, soit dans ceux où il passe. Dequoy l'on peut considerer cet exemple. Les esprits remuënt les nerfs, les nerfs remuënt les bras, les bras le mail, le mail la boule, la boule le sable, le sable l'air : l'air garde ce mouvement,

ou

ou le transfere à quelqu'autre corps. Par là on conclud, qu'il y a toûjours dans le Monde, une méme quantité de mouvement.

21. La troisiéme proprieté de tous les Mouvemens, c'ét d'étre Circulaires, ou Presque-circulaires. l'en tire la raison, de la plenitude des espaces: par laquelle il arrive que la matiere ne peut se remuër, sans un cercle, ou un retour des parties : lequel on ne remarque pas seulement dans le mouvement d'un sabot, d'une rouë, ou encore des Cieux: mais dans les autres mouvemens, comme dans celuy des Nageurs : à qui l'eau, les fétus & l'écume coulent incessamment d'un côté à l'autre. 4. Si un corps qui se remuë, rencontre un corps plus foible, il perd autant de mouvement qu'il luy en donne. S'il rencontre un corps plus fort ou égal en resistence, il ne perd pas son mouvement, mais sa determination. 5. Iamais en un seul corps, il n'y a qu'un seul & simple mouvement: produit par une ou plusieurs causes, & sur des lignes droites, obliques, rompuës. Mémes il semble que ce mouvement ét quelquefois un repos : ou du moins qu'il n'ét pas mouvement à l'égard de toutes choses. Ainsi celuy qui

passe la riviere assis en un bateau, ệt transporté sans se remuer : ou, se re nuë à l'égard des bords, & non pas à l'égard du bateau.

22. Vn corps ệt en repos, quand il continuë d'étre en méme lieu : c'ệt à dire quand il continuë d'étre environné des mémes corps. *Observations*. 1. Deux choses sont oposées a un mouvement : Savoir un autre mouvement & le repos, qui ne peuvent jamais se trouver ensemble, à l'égard des mémes circonstances. 2. Le repos ệt positif, comme montre sa definition, & l'exemple encore de ceux qui rament en un courant de riviere, pour arréter le bateau où ils sont. Car ils ne travaillent pas pour ne rien faire. 3. On peut dans le méme exemple, remarquer ; qu'un bateau qui ệt dans une égale distance de la terre, ne change pas de lieu : quoy que l'air & l'eau qui l'environnent immediatement, soient en un changement continuel. 4. Plusieurs corps, qui reposent les uns contre les autres, sont unis ou disposés en façon que l'on n'en peut tirer un, sans les tirer tous. Autrement ils ne demeureroient pas, dans l'état où ils seroient, contre ce qu'on observe en tous les corps.

23. I'apelle Figure l'extremité des

ſuperficies & des corps. La Situation ét l'arrangement des parties entr'elles : en ſorte qu'elles ſoient hautes ou baſſes, droites ou gauches, anterieures ou poſterieures. La Grandeur des choſes corporelles conſiſte en ce, que les unes ſurpaſſent les autres.

14. Ces cinq premieres Formes des corps : le Mouvement, ou leur aplication differente, le Repos, &c. ſont les accidens de la matiere generalement conſiderée : mais elles établiſſent l'eſſence de ſes parties, d'une épée par exemple, ou de quelqu'autre corps, ſoit naturel ou artificiel, ſenſible ou inſenſible.

15. Toute la diverſité des choſes corporelles, dépend pareillement de la diverſité innombrable de ces mémes formes. Mémes l'action des corps, n'ét que leur mouvement, la reſiſtence leur mouvement ou leur repos ; enfin leurs effets, outre ces deux formes ſont les trois reſtantes.

## QVALITEZ SECONDES.

16. LA Fluidité à laquelle on opoſe la conſiſtence, ét le détachement & le mouvement des parties des corps : Savoir du feu, de l'air, de l'eau. Obj[illegible]

*vations* 1. L'Humidité ét la fluidité des Liqueurs : c'ét à dire de l'eau & des corps qui s'atachent en la façon de l'eau. La Secheresse ét oposée à l'humidité. 2. Les corps peuvent avoir de la consistence & de la fermeté, encore qu'ils soient environnés d'une matiere fluide, comme l'on voit par l'exemple, ou de toute la terre, laquelle l'air entoure & suspendt ou de l'or, plein de ces petits trous, par où coulent les parties du feu qui le fondent, & celles du vif argent, qui le percent & le blanchissent. 3. Entre les corps stables & consistans, on nomme Solides, ceux qui ne paroissent pas mélés d'autres corps.

17. Les corps Flexibles sont ceux, dont les parties tournent les unes à l'entour des autres, comme les anneaux d'une chéne : ou entrent les unes dans les autres, comme les tuyaux à lunétes. *Conclusion.* Donq les parties d'un corps simple, par exemple celles de l'eau, ne sont pas separément flexibles.

18. Quand les corps roides ou inflexibles font Ressort : ils le font par l'agitation d'une matiere subtile, qui remplit leurs pores ou leurs petites cavitez, & qui s'y remuë incessamment : autrement son repos les boucheroit. *Observation.* Ces

Pores sont dans tout corps divisible, inégal, capable de chaleur, transparant. Car ces choses suposent des pores, ou de petits conduits : comme ces petits conduits suposent de petits corps, appellez par les Anciens, *Substances impetueuses*.

29. Vn corps ét ou Poli & lissé : ou Rude & raboteux, selon que ses superficies *sont égales*, ou *inégales*. Mais le microscope fait voir, que par effet elles sont toutes inégales.

30. On atribuë la Continuité aux corps qui *se touchent*, s'ils *sont semblables* : comme les parties de l'air. On leur atribuë la Contiguité, s'ils sont differens, ou heterogenées : comme l'air & l'eau, l'eau & la *terre*.

31. La Rarefaction à laquelle on opose la Condensation, ét un mouvement & un éloignement des parties, comme de celles de l'encens. Chacun peut facilement entendre la rarefaction, par l'exemple des Hommes qui escriment, d'une éponge qu'on ne presse pas, des poutres qu'un *torrent emporte*, & qu'il fait monter & décendre : enfin heurter, & entr'elles, & contre d'autres corps.

32. Ce qu'on apelle Chaleur, ét un mouvement *divers* des petites parties

des corps : capable de nous donner le sentiment que l'on apelle de ce nom méme, chaleur. Le Froid ét un repos, ou un moindre mouvement des parties dont ie viens de parler. L'induction de tous les corps que nous connoissons étre chauds ou froids, prouve ces deux definitions.

33. La cause, pourquoy les corps Legers, qui flotent, en ceux que i'ay auparavant nommés Fluides, poussent les Pesans vers le milieu : ét la méme qu'en un tourbillon d'eau ou de vent ; au centre déquels sont les corps plus grossiers, comme les autres sont vers la circonference.

34. Il faut donner le nom de corps Lumineux à ceux, qui par leur subtilité & leur mouvement, peuvent à travers les tuniques & les humeurs de l'œil, se peindre dans son nerf reticulaire. Les corps qui donnent passage à la lumiere par leurs pores droits ou presque-droits, sont Transparens : & les autres Opaques ou Colorés, & colorés differemment selon qu'ils la reçoivent ou qu'ils la repoussent. Ceux qui la reçoivent sans la repousser, sont Noirs. Les autres Blancs, ou de couleur Moyenne.

35. La substance, par exemple d'une

bluëte de feu, ne peut pas remplir tout l'espace dont on la voit. Dans cet espace il y avoit donq pendant l'obscurité méme, d'autres corps lumineux, mais qui ne paroissoient pas l'étre: soit parce qu'ils n'avoient pas assés de mouvement, ou que celuy qu'ils avoient n'étoit pas droit: ou enfin tel qu'il ét necessaire au sentiment de la veuë.

36. Plusieurs corps luisent dans l'obscurité ou par l'émission de quelques esprits lumineux, comme certains animaux: ou peut-étre, pource que leurs petites cavitez, par exemple celles d'une sole morte, sont en sorte disposées, que la matiere lumineuse répanduë dans toutes les parties du Monde, traverse celles-cy impetueusement, & à peu pres d'une façon semblable aux sources que l'on voit jaillir en divers endroits de la Terre.

37. Tout mouvement d'air capable d'exciter l'oüye, ét un Son. La reflexion du son, ét l'Echo. Ce qui nous donne le sentiment du Goût & des Saveurs, ét l'agitation, la mollesse, la roideur, & la pointe des petits corps terrestres, qui frapent les nerfs de la langue & du palais. Par les Odeurs j'entend pareillement l'agitation & l'autre disposition des corps terrestres, qui frapent les nerfs

mammillaires, & nous donnent le sentiment propre & à ces Objets & à cette Partie. *Observation.* Pour ne dire point qu'un corps odoriferant, perd par un écoulement continuel sa substance : ce que sa petitesse semble ne permettre pas quelquefois : on peut suposer que les petits corps aëriens, qui passent à travers ses pores, prennent la figure & la qualité de ses premieres odeurs.

38. Entre les autres qualitez, les plus remarcables se raportent comme plusieurs des precedentes, à l'animal : mais elles ne sont pas aperceuës comme elles, par le sens exterieur. I'apelle 1. corps Nourrissans, ceux dont les petites parties entrelassées parmi celles d'un corps vivant, le conservent. 2. Catarctiques ou Purgatifs, les autres qui receus dans le méme corps vivant le nettoyent, & qui par leur figure & leur mouvement, en empéchent l'obstruction. 3. Veneneux, ceux qui le corrompent par l'incision de ses parties consistentes : & par l'épaississement des autres.

# LES CORPS PRINCIPAVX.

*Le Monde qui les contient, ses proprietez & ses divisions. Le Ciel, les Astres, & les autres Corps plus considerables.*

## LE MONDE

39. OV l'assemblage des corps, ét Vnique. Car plusieurs Mondes seroient separés, puis qu'on les supose plusieurs. Et ils ne le seroient pas neantmoins, puis qu'ils se toucheroient s'il n'y avoit rien entr'eux : & s'il y avoit quelque chose, elle les joindroit, comme l'air joint la Terre, aveque le Soleil & les Planétes.

40. Parce que le Monde a pû étre produit depuis l'Eternité ou dans le temps, comme il ét ou autrement : la maniere de sa Production ne peut étre determinée par les Philosophes. On en voit neanmoins qui recherchent aussi curieusement de quelle façon il a esté fait, que s'ils pretendoient, ou le refaire, ou le conserver.

41. Ce en quoy la Beauté & la Per-

fection du Monde consistent, ét la bonté, la varieté, la constance, la plenitude & la disposition des choses qu'il contient.

42. Ie divise l'étenduë indefinie des corps, ou le Monde en deux grandes, mais ce semble inégales parties : Elles environnent la Terre, & de la sorte peuvent recevoir le nom de Cieux. Dans le second, qui ét invisible aux Hommes, ils ne se representent que l'étenduë seule. Ainsi quelques uns, l'appellent encore, Monde inconnu.

43 Voicy le Systeme ou la disposition plus vray-semblable du premier Ciel, ou du Monde que nous connoissons 1. Il a en son centre, du moins en son centre aparant. le Soleil. 2. A l'extremité les Etoiles Fixes, ou celles qui gardent entr'elles une méme distance. 3. Entre le Soleil & les Etoiles Fixes, les Planétes; ou Premieres qui se remuënt seulement autour du Soleil, comme Saturne : ou Secondes comme ses Satellites. 4. Saturne ét la Planete la plus éloignée du Soleil. Suivent Iupiter, Mars, la Terre, & autour de la Terre la Lune. Venus, Mercure. 5. Encore que la Terre soit semblable aux autres Planétes en sa situation, sa figure, sa lumiere : ordinairement neanmoins on ne croit pas, qu'elle

leur soit semblable dans le mouvement, que quelques anciens & nouveaux Auteurs luy ont atribué. C'ét pourquoy les autres se contentent de le nommer transport: ou journalier, ou annuel, ou lateral & servant aux saisons.

44. Chacun divise encore le Monde, en Elemens ou corps simples : & Mistes ou corps composés. On peut établir ou deux Elemens, savoir les corps subtils & grossiers ou trois, aveque les moyens: ou quatre, comme dans la Philosophie ordinaire : ou encore cinq, si aux quatre precedens on ajoute ce que quelques-uns apellent quinte-essence, ou substance etherée & matiere tres volatile. Mémes on pouroit s'il étoit necessaire, distinguer six ou davantage d'élemens. Car puis que les corps grossiers, moyens, ou subtils, ont une grandeur, une agitation, & generalement une disposition diferente : rien n'empéche d'en faire diferens degrés: ni par exemple de diviser les corps subtils en trois : selon qu'ils sont simplement subtils, ou qu'ils le sont davantage, ou qu'ils le sont extraordinairement.

45. Les corps Mistes, comme leur nom montre, sont composés d'Elemens mélés ; mais non pas changés selon

leur figure, ni leur petitesse : que l'on peut croire invariables dans ces Atomes naturels, ou dans ces Elemens. Les Mistes sont ou Parfaits, quand leur separation ét difficile, comme celle des vins differans, versés en un méme tonneau : ou Imparfaits, quand leur separation ét facile, comme celle de l'eau & de la terre. Les Mistes sont encore ou inanimés, c'ét à dire sans organes destinés à leur nourriture : ou Vivans.

## LE CIEL

46. ET Fluide : comme fait voir le mouvement differant des Cométes & des Astres, ajoûté à leur aparition & disparition nouvelles: & à l'exemple de la Terre méme, qui ét suspenduë en un corps fluide.

47. On represente la fluidité & le mouvement circulaire du Ciel & des corps qu'il contient, par l'eau & les boules, qu'on peut en quelque semblable façon, faire tourner dans un bassin.

48. Pour l'Incorruptibilité du Ciel & des Astres : elle n'ét vraye qu'à considerer toute leur substance. Et en ce sens non seulement la Terre, du moins pour un

un tres-long-temps, & incorruptible: mais plusieurs de ses parties : le verre par exemple, l'or & d'autres.

49. Les Astres ou touts les plus grands corps qui paroissent dans le Ciel, sont de quatre principales sortes. 1. Les uns éclairent d'eux-mémes, ou comme d'eux-mémes: Savoir le Soleil & les Etoiles Fixes. Les autres éclairent par les premiers : savoir les Planétes. 2. Quelques-uns tournent sur leur essieu, comme le Soleil, & selon Coperniq la Terre : les autres ne tournent point, comme la Lune, de laquelle nous voyons toûjours un méme côté. 3. Plusieurs Astres sont Environnés d'un particulier tourbillon d'air, par exemple Iupiter: & plusieurs ne le sont pas comme la Lune que ie viens de dire, & peut-étre ces petites Etoiles, qui font la voye de lait. 4. La grandeur & la petitesse atribuée aux Astres, dépend ou d'eux-mémes, si elle ét vraye : ou si elle ét aparente, de leur lumiere & de leur éloignement.

50. On explique diferemment la nature du Soleil, & consequemment des Etoiles Fixes semblables au Soleil : selon qu'on les croit, ou des flammes, ou des corps solides, mais pleins de cavitez : par où la matiere lumineuse passe de tous

côtés, soit qu'elle arrive des poles ou d'ailleurs, ou que sortant de diferentes parties du Soleil, elle entre par les autres, pour ne trouver point hors de ce grand corps assés d'espace : ou allés de pores conformes à sa figure.

51. Entre les diverses conjectures touchant les Cométes, les plus vray-semblables sont ces deux. 1. Que les Cométes sont des feux, qui par la rencontre de diverses matiéres propres, s'alument dans le Ciel, pour des temps & en des temps incertains. 2. Que peut-être elles sont des Etoiles, que l'experience montre pouvoir nouvellement paroître, comme dans le Signe de Cassiopée : & disparoître, comme l'une des sét Pleiades. Quelques Philosophes qui ne sont pas du dernier rang, ont écrit une 3. conjecture. Que les Cométes sont des corps glacés.

52 Puis que l'Eclipse ét une privation de lumiere, provenant de l'interposition d'un Astre opaque, par exemple de la Lune : entre deux autres dont l'un ét pareillement opaque, & l'autre ne l'ét pas : par exemple entre la Terre & le Soleil, il faut qu'à la fois il arrive trois Eclipses, l'une aparente & à nôtre égard dans le Soleil : & deux vrayes, savoir

d'un côté de la Lune, & de deux côtez de la Terre.

53. Par les taches des Astres, on signifie leurs endroits, où l'on voit de l'ombre : laquelle vient 1. des corps voisins, comme quand Mercure ét observé dans le Soleil. 2. des parties des Astres mémes, lors qu'elles ne reflechissent pas la lumiere qu'elles reçoivent, qui ét la cause des taches lunaires : ou peut-étre lors que les corps grossiers des Astres fluides, s'il en ét qui puissent avoir le nom de fluides, sont poussez en dehors, comme l'écume hors des liqueurs.

54. Il faut que les Astres brillent par l'agitation, ou de leur lumiere tremblante & semblable à celle d'une chandelle: ou du milieu. Ainsi les corps qui sont au fond d'une eau crepée par le vent, semblent avoir l'agitation de ces autres corps, à travers desquels nous les voyons.

55. Outre ces proprietés des Astres, il y en a deux ce semble, plus communes. 1. La figure ronde, qui ét comme celle des liqueurs avéque leur éclaircissement, l'effet des corps subtils & de leur action de tous côtés égale. 2. La Situation permanente, Car par exemple la Terre, que quelques-uns dans l'art de faire des boussoles, ont apelée un grand aiman,

a toûjours ses poles tournez à peu prés en la méme façon : ce qui peut arriver de leur figure, & des petites & invisibles parties qui se forment des passages propres, le long de toute la Terre. Semblables parties venans de diferans endroits du Monde, sont causes pourquoy en entant mémes ou transplantant les arbres, on tache à ne les tourner pas autrement qu'ils n'étoient. Elles sont pareillement causes, pourquoy les fétus s'atachent au geais, & le fer à l'aimant: dequoy l'on a un exemple dans le vent ou l'eau, qui par leur impetuosité, atachent encore quelques corps à d'autres. Raportés à la situation des Astres leur distance, par exemple celle qui ét entre les Planétes, & qui peut-étre dépend de leur solidité.

## LES QVATRE ELEMENS VULGAIRES

56. Sont des Mistes. Car le feu qui semble le plus pur, ne laisse pas d'étre mélé de parties grossieres qui le rendent chaud & opaque : & d'autres qui le rendent lumineux. Son essence consiste en une extreme agitation des corps, qui le composent.

57. On distingue trois sortes de feu. Le premier luit sans échaufer, comme les feux folets, apelés sur mer Helene, ou Castor & Pollux selon leur nombre: l'autre échaufe sans luire, comme le sang: le dernier luit & échaufe, savoir le feu ordinaire.

58. La generation du feu dépend de la matiere subtile, agitée par une autre semblable matiere, ou par les esprits: quand pour exemple les rolles, ou le foin, prennent feu, ou quand on bat un fusil. Les parties de l'air dans les miroirs ardans, de l'eau dans la chaux, de la terre dans le bois, reçoivent le mouvement de cette matiere subtile, qui les emporte à peu pres, comme une eau rapide emporte des poutres ou des bateaux.

59. Les effets du feu sont quatre. Car 1. il amolit les corps dont il ébranle les parties. 2. Il seche & durcit ceux, dont il fait exhaler l'eau. 3. Il éleve à reprises les liqueurs par l'ébullition. 4. Il coupe & separe les autres corps, en un innombrable nombre de petites parties.

60. Il y a trois causes pourquoy le feu cesse & meurt. 1. Le defaut d'aliment, 2. La dissipation du mouvement qui l'agite. 3. L'empêchement de l'un ou de

l'autre. On en voit des exemples en une chandelle qui ét ou finie, ou souflée, ou éteinte.

61. I'apelle Air, un corps moins subtil & moins agité que le feu: mais plus subtil & plus agité que l'eau. Cette agitation de l'air paroît principalement, lors que pressé en une machine pneumatique il en sort impetueusement, & pousse aussi impetueusement les corps, qui luy font obstacle.

62. Quand l'air ou l'eau méme changée en vapeur, va seulement vers un côté, & que le sens du toucher l'aperçoit, on l'apelle Vent, dont il y a un remarcable exemple dans les Eolipiles. La generation de ce premier Meteore, vient quelquefois des causes visibles: comme d'un évantail, des nuées & des rivieres, qui poussent aveq soy l'air. Souvent elle vient des corps separément invisibles, par exemple des vapeurs & des exhalaisons, qui par la chaleur s'élevent, de la nége fonduë, de l'eau & de la terre. Les noms, les especes, & les qualitez des vents dépendent des lieux, d'où ils souflent.

63. Si les vapeurs que i'ay dit être une des causes des vents, s'épaississent & qu'elles décendent iusqu'à nous, on les

apelle Broüillards : & Nuées, si à la façon de la poussiére, elles s'élevent jusqu'à la region de l'air, où en été méme les néges ne fondent pas sur les montagnes : & ou cesse la reverberation des rayons du Soleil, avéque la chaleur provenant des corps terrestres.

64. Ces nuës frapées de la lumiere des Astres, representent ou des Couronnes, directement sous ces mémes Astres: ou comme les miroirs, des Parelies, c'ét à dire des images du Soleil: ou de Paraselenes, c'ét à dire des images de la Lune. Quelquefois non seulement les nuës, mais les fontaines & les prez couverts de gelée, representent un Arc de ces couleurs diverses, que l'on peut encore voir en un verre triangulaire, & en tout autre corps d'où la lumiere ét diversement reflechie, droite, croisée: ou propre à exprimer la couleur blanche, rouge, &c.

65. On entend le Tonnerre dans les nuées, quand elles ou leurs parties se choquent : ou peut-étre quand leurs sels petillent, comme ceux qu'on iette sur des charbons ardans. Il paroît dans les nuées des Eclairs, lors que leurs exhalaisons s'allument. Ces mémes exhalaisons, lors qu'elles s'allument en ligne droite, com-

me il arrive quelquefois à la Poudre à canon versée sur le pavé, ou à la fumée des chandelles, reçoivent le nom d'Etoiles tombantes. La Foudre ét de trois sortes. L'une ét semblable à un feu d'eau de vie, qui ne brûle qu'aveq peu d'action. L'autre semblable à l'eau forte, qui ronge le fer & ne touche point à la cire. La derniere ét une pierre de feu, composée de terre, de nitre & de soufre : & ainsi capable d'abatre les corps qui luy resistent, & qui sont ordinairement les plus élevés. Car non seulement ils rompent la nuée par leur élevation, mais couvrent encore tout ce qui ét au dessous d'eux.

66. Les nuës sont principalement composées, ou de petits glaçons, comme on experimente dans les broüillards d'hiver, ou des Parties liquides. Plusieurs glaçons joints ensemble font la Nége. La Pluye vient ou de ces glaçons fondus, ou des autres parties que j'ay dites. La Grêle ét une goute d'eau, qui en tombant ét glacée par un vent froid. Quand les petits glaçons dont j'ay parlé tombent sur la terre, ou plutôt sur des corps terrestres qui n'ont pas d'aussi grands pores que la terre, on leur donne le nom de Gelée. Car la Rosée ét liquide, comme le miel & la manne sont des corps

moyens entre ces deux autres, & des corps qui semblent composés encore d'exhalaisons de certaines Plantes. Les plus seches des autres exhalaisons, sont ces filets blancs, qu'on voit en l'air pendant l'été & l'automne.

67. Pour concevoir la nature & les effets de l'Eau, suposés ses petites parties, longues, desunies, lissées, & tournant les unes autour des autres d'une façon aprochante de celle, qu'on remarque en un amas d'anguilles vivantes. Pareillement pour concevoir la nature & les effets du Sel, duquel on voit des montagnes entiéres sur la terre, & qu'on sait être répandu dans toute la mer, suposés ses parties, grossiéres, pointuës & roides. On peut clairement expliquer le flux & le reflux de l'Ocean, par la pression de l'air qui coule entre la Lune & la Terre. Les fontaines & les riviéres, viennent de la pluye & des néges conservées dans les montagnes. Elles viennent encore d'autres fontaines & d'autres rivieres : ou enfin de la mer méme, dont le sel s'arréte aux endroits du sable & de la terre, où l'eau douce ne s'arréte point.

68. Ce mot *Terre*, signifie ou tous les corps plus grossiers, ou leur plus commune espéce. Ainsi je distingue la Terre,

des corps volatils, que quelques-uns apellent Mercure: des onctueux, ou composés de parties embarassantes & flexibles, qu'ils nomment Soufre: enfin du Sel & des autres corps.

69 Je divise la Terre en deux regions, l'une superieure où nous voyons les plantes & les animaux, aveq les corps encore dont la terre inferieure êt pléne: aveq l'eau, l'air, le feu, les pierres, les metaux. Quand un grand feu s'allume sous la terre, il la fait trembler: & quelquefois ouvrir, principalement aux montagnes où elle n'êt pas apuyée. Il semble que le nombre de ses tremblemens, dépend de ce que le feu se prend plusieurs fois en une cavité, ou qu'il passe de l'une à l'autre.

70. Les Pierres sont distinguées des Metaux, en ce qu'elles ne sont pas malleables. Cela arrive par leurs parties de terre & d'eau, dont l'union comme on voit en la glace, ne soufre point cette proprieté des corps metalliques. On distingue trois sortes de pierres, communes: & non communes, savoir precieuses comme les diamans, non precieuses comme l'aiman. Les Metaux parfaits, ou ceux que le feu ne diminuë point, sont l'or & l'argent. Les imparfaits ou

impurs sont moins ou plus flexibles. Le fer, metal le plus fort & le plus necessaire, ét aveq le cuivre de la premiere sorte: l'étain & le plomb, de l'autre. Dans la Chymie on croit le vif argent ou le Mercure, le commencement des metaux, lésquels d'autres croyent ingenerables.

## LES CORPS VIVANS,

*Ou les Plantes & les Animaux, avéque l'explication de leurs puissances & de leurs especes principales.*

71 J'Apelle Corps vivans ou animez, ceux qui se nourrissent, par un aliment qu'ils reçoivent & preparent en eux mémes. *Observations.* 1. Ces corps vivans sont les Plantes, les Animaux & les Plantes-animaux, qui sont atachez comme les plantes, & qui remuënt leurs parties comme les animaux, ainsi qu'on voit dans les huitres. 2. Les alimens, ou augmentent la substance de ces corps durant la mollesse des parties solides, ou reparent celle que la transpiration leur fait perdre.

72. La Vie corporelle, n'ét qu'un mouvement des Sucs & des esprits renfermés dans quelques organes : & la

mort, la cessation de ce mouvement, comme on peut en quelque façon entendre par l'exemple d'une Horloge à rouës, ou encore d'une chandelle qui brûle, & apres cesse de brûler.

73. On attribuë aux plantes la vie, l'ame ou la faculté & la puissance Vegetative, aux animaux la *Sensitive*: Et les Hommes experimentent encore en eux-mémes l'ame Raisonnable, dont ie parle ailleurs. La puissance vegetative renferme celles de se Nourrir & d'Engendrer son semblable, dont l'une comme on ensegne vulgairement, regarde l'individu & l'autre l'espece. La puissance propre à l'animal renferme pareillement celles qu'on nomme *Sensitive*, & Mouvante.

74. *Se nourrir*, c'ét atirer les alimens, les retenir, les cuire ou les digerer, rejetter les excremens, distribuer ce qui reste de bonne substance, & le convertir en celle du corps animé. Quand ie dis atirer les alimens: i'entends seulement que les sucs agités par la chaleur de la terre, entrent dans ces pores des plantes, qui sont conformes à leurs figures, montent comme la fumée par ses tuyaux, enfin passent depuis les racines jusques aux branches par le tronc qui

joint

joint toutes les deux. La dilatation & le resserrement de l'œsophage sufit aux animaux, pour avaler la boisson & les viandes, propres à leur gout.

75. La puissance par laquelle un corps vivant, retient les substances qui luy conviennent & rejette les autres, peut être expliquée par l'exemple des cribles ou des rets, qui donnent passage à certaines choses, & qui ne le donnent pas à d'autres.

76. Ce qui cuit les aliments, ét la chaleur ou le mouvement des petits corps, acres & subtils. Ce qui les distribuë, ét principalement leur figure & leur agitation. Comme c'ét elle encore qui les porte peut-être par les nerfs, & qui les arrête en divers endroits : enfin qui les convertit en la substance vivante : c'ét à dire, leur donne une disposition, & un entrelassement propres.

77. Nous avons plusieurs Histoires de la Generation, ou de la production des corps animés : mais je ne connoy personne, qui l'ait encore clairement expliquée par les principes Physiques. Ie ne say mêmes si l'on en peut dire rien de plus probable que cet amas confus des parties, dans la semence caché ou manifeste ; qui excitées par la chaleur re-

prennent leur arrangement, & forment un corps semblable à celuy dont elles viennent.

78. On divise ordinairement les Plantes par leur grandeur, en arbres, arbrisseaux & herbes. Mais celle de leurs divisions qui nous importe davantage, ét tirée de nous mémes, à qui quelques plantes nuisent comme le napel, & à qui la pluspart des autres servent, pour la nourriture, pour la guerison, pour le vétement, pour l'habitation, pour le divertissement, enfin pour plusieurs commoditez : qui sont choses qu'on peut en partie attribuër à celles, dont il reste à traiter.

## LES PVISSANCES, LES PARTIES, LES ESPECES, ET LES PROPRIETEZ DES ANIMAUX.

79. PArce que chacun experimente en luy-méme ce que c'ét que le sentiment : soit interieur, par exemple celuy qui porte les Animaux à la generation dont j'ay parlé dans l'une de ces Propositions dernieres, ou exterieur : il faut seulement remarquer qu'outre le mouvement, Sentir au moins dans l'Homme, c'ét encore connoître. Ainsi

l'on peut dire que le sentiment generalement consideré, contient deux choses. 1. Le mouvement par exemple d'une bluëtte de feu, & celuy des espris qu'elle détermine dans un animal, vers les piez & à la fuite. 2. La connoissance & la perception.

80. Dans la nouvelle Philosophie, on demande si les Bétes connoissent. Car plusieurs les croyent des Machines naturelles, qui ne marquent de l'intelligence qu'en leur Auteur, qui font ce qu'elles ne savent pas, enfin qui ressemblent par exemple aux Horloges, & à ce qu'on apelle vertu formatrice, ou prochaine cause du fœtus : mais qui ne ressemblent aux Hommes, que pour les actions qu'ils n'accompagnent d'aucune connoissance.

81. Quelques autres tâchent d'établir l'opinion antienne par trois considerations. 1. La Nature semble avoir destiné à la perception, les organes des Hommes & des bétes. 2. Il peut y avoir des perceptions & des ames de plusieurs manieres. 3. Celles des Hommes seront toûjours bien differentes de celles des autres animaux, qui ne les rendent ni libres, ni capables de s'énoncer, ni curieux de s'instruire.

82. La puissance mouvante des animaux, dépend de leurs esprits, & de la pression des parties qui les renferment. *Observations.* 1. Le mouvement de tous les corps èt l'effet de la matiére subtile qui les agite : Et le mouvement des corps animés èt en particulier l'effet des esprits, qui les remuënt. 2. Comme, quand on tire un canon, les corps les plus subtils du feu passent vray-semblablement dans le boulet, & l'emportent impetueusement pendant qu'ils y demeurent engagez : Aussi les esprits remuënt & l'animal & ses parties, pendant qu'ils ne s'écoulent pas ailleurs. 3. Encore dans l'exemple d'un boulet, ou plûtôt d'une bale à joüer, on peut imaginer une triple cause de la reflexion : savoir ou le ressort des parties, ou les petits corps remuans qui passent de la bale au mur, & repassent du mur à la bale, ou enfin la quatriéme proprieté du mouvement, marquée icy dans la Proposition 21. J'ay parlé de la reflexion, parce que c'èt à elle qu'on doit ce semble, raporter le mouvement progressif des animaux.

83. Vne autre de leurs puissances mouvantes, èt l'Habitude: que l'on peut définir ainsi. L'Habitude èt une facilité ou une difficulté du mouvement, la-

quelle les animaux acquierent par une ou plusieurs actions. Le changement, que ces actions produisent, reçoit le nom d'Institution ; & ne peut consister, qu'à ouvrir ou fermer dedans ou dehors le cerveau, quelques pores propres au passage des esprits, & propres encore à donner à l'Homme certaines connoissances & certaines inclinations.

84. Les mouvemens des animaux sont ou ordinaires, savoir l'élevation & l'abaissement des poumons : la systole & la diastole, ou le resserrement & la dilatation du cœur, le poux des arteres, la palpitation du cerveau : ou extraordinaires, comme ceux qui impriment dans les enfans les imaginations des meres : ou incertains, comme ceux qui precedent & suivent les songes, & qui avéque les songes mémes doivent être raportez au naturel, à l'occupation, à la rencontre. Dans l'Homme, & principalement dans l'Homme agité des passions, les effets exterieurs de plusieurs mouvemens precedens, sont le ris & les pleurs, la rougeur & la paleur du visage : les tremblemens, les langueurs, les soûpirs.

85. Ce qu'on remarque de substance en l'animal, contient quatre choses. Celles qui sont ses Parties, ou ses Excre-

mens : ou qui ne sont ni les unes ni les autres, comme la semence, le laict, le fœtus : ou enfin celles qui sont toutes les deux, savoir les ongles & le poil. L'animal rejette les excremens ou par ses pores, ou par ses autres ouvertures. Pour les parties, il faut les diviser en consistentes & fluides : & mettre au nombre des premieres, les os, les cartilages, les nerfs & les peaux : sous lésquelles on comprend les membranes, les intestins, les vénes & les arteres. On donne le méme nom de consistentes aux chairs, par exemple à celles des muscles, des visceres, des glandes: aux chairs communes, & aux parties nobles : au cœur, au cerveau, au foye : enfin aux parties genitales. Suivent les parties fluides, les Humeurs & les Espris.

86. Voicy les cinq humeurs, les serositez & la pituite, qui sont des eaux aveq ou sans acrimonie: le sang, la melancolie & la bile, ou les parties du sang noire & jaune. Par les Espris on entend icy les parties du sang les plus subtiles, qui ressemblent à un vent impetueux & qui sont ou animaux, ou vitaux, ou naturels : selon qu'ils viennent du cerveau, du cœur, ou du foye : enfin selon qu'ils produisent le sentiment, le mouvement & la cha-

leur. Quelquefois on apelle simplement Sang, toutes ces humeurs & tous ces esprits. Il coule des vénes dans le cœur, du cœur dans les artéres, & des arteres par les anastomoses dans les vénes : où il êt augmenté par le chile & les alimens.

87. Ordinairement la division des animaux êt tirée du lieu où ils vivent. Car ils sont ou Terrestres, ou Aquatiques, ou Amphibies. Il y a trois sortes d'animaux terrestres ; qui marchent, qui rampent, qui volent. Entre les premiers, les Hommes sont les plus considerables : Et ils le seroient encore davantage, s'ils ne se rendoient malheureux par l'ignorance, la negligence & la malice, qui sont des defauts que châcun connoît, mais que châcun ne corrige pas.

88. Les Ages des animaux & des plantes mémes sont trois, la jeunesse, l'âge moyen & la vieillesse : ou l'état d'accroissement, de consistence & de diminution. Le Temperament êt le mélange des humeurs : car il êt quelques animaux, & en particulier quelques Hommes, pleins de serositez : quelques-uns sont sanguins, &c. Comme l'écoulement des esprits vers les organes des sens exterieurs, êt ce qu'on apelle Veille: aussi la cessation de cet écoulement êt, ce

qu'on apelle Sommeil. Les trois causes du sommeil sont l'abondance des vapeurs, le defaut des esprits, & tout empéchement formé à leurs passages. Quand la disposition du corps convient a l'action des animaux, ils sont Sains : quand elle ne luy convient pas, ils sont Malades.

## AXIOMES,

*Qu'il faut reporter ou à la Sience des choses corporelles, ou à ces choses mémes : à leurs loix, & à leur action.*

1. A L'égard du monde on peut dire que les choses sont: & à l'égard des Livres qu'elles sont écrites. *Corollaires.* 1. Ne prenés pas les Hypotheses pour des verités. 2. Dans la Physique, il faut toûjours connoître les choses insensibles par les autres : mais il ne faut pas toûjours se les persuader aussi affirmativement. 3. C'ét souvent assés d'expliquer les choses comme elles peuvent être, & comme on les peut concevoir. 2. La Sience & la recherche des corps nous seroit inutile, si nous n'avions pas à conserver le nôtre. 3. Le Medecin commence où le Physicien finit ; *Mais ni le commencement, ni*

*la fin de l'une & de l'autre de ces études, ne contient quelquefois que des amusemẽs: Pourquoy l'aiman atire le fer? Si l'amour ét une passion plus violente que la crainte? S'il y a du vuide dans la Nature ou dans l'esprit de ceux qui le recherchent? Si les remedes agissent par leur substance, ou par leurs qualitez specifiques, &c.* 4. Tâchés de savoir par les effets & par l'experience, ce que vous ne pouvés savoir par les causes ou par le raisonnement: 5. Toutes choses demeurent dans l'état où elles sont, jusques à ce qu'elles en soient empéchées. *Ainsi celles qu'on jette continuẽt leur mouvement: & celles qui l'ont circulaire, tendent d'elles-mémes à le conserver circulaire: comme on voit en plusieurs exemples, que celuy de la fronde ne détruit point.* 6. Rien n'ét entierement changé. 7. La corruption d'une chose ét la generation d'une autre. 8. Nulle cause n'agit sur un sujet éloigné. *Coroll.* 1. Il faut que l'ageant touche le sujet, ou par luy méme ou par quelque milieu. 2. La fin qu'on doit se proposer dans la plus grande partie des Siences, ét l'aplication des causes d'où vient l'action, à celles où elle ét receuë. *Observation.* La Physique ét toûjours plus longue que les autres parties de la Philosophie, parce que nous ne connoissons rien que les corps, ou par les corps. Vne des choses qu'elle a commune aveque toutes les autres Siences, & que beaucoup la commencent, peu l'achevent.

*Fin de la Physique.*

*Multa, dies; Variúsque labor, Mutabilis ævi,*
*Rettulit in melius.*

Le Temps, le different Travail, & les Changemens de la vie, ont rendu beaucoup de choses meilleures. *Virg.*

## *Extrait du Privilege.*

LE ROY par ses Lettres du 20. Nov. 1660. Signées, GARDIEN. Permet à l'Auteur de ce Livre, de le faire imprimer & vendre. Ce que Sa Majesté deffend à tous autres, pendant l'espace de dix ans ; & à péne de trois mil livres d'amende.

LISEZ *dans la* 67. *Proposition de la Met.* Impenetrables. *Ibid. Ax.* 10. *Coroll.* 3. ce qu'il. *Dans la Prop.* 2. *de la Morale*, ou plus d'incommodité que de commodité. *Prop.* 15. *on peut dans les Editions suivantes, mettre.* Pour les maux necessaires : elle empéche que la crainte & l'impatience ne les augmentent. 16. Par. *Prop.* 20. Le mal êt ou. *La Prop.* 35. *devoit étre marquée* 32. *& ainsi des autres jusques à* 50. La paction. *Dans la Prop.* 38. *lisés* peu d'effort. *Les Petis Titres apres la Table de la Morale dans la Societé, & devant la Prop.* 47. *pouvoient étre* : Societés Particulieres. *Devant la* 53. Societé Publique. *Devant la* 58. Les Loix. & devant la 63. Les fondemens des Loix. *Dans la Theol. nat. & dans la Table des Intelligences*, qu'elles *Prop* 22. *de la Physique, ligne* 13 d'un endroit à l'autre. *Prop.* 24 leur mouvement ou leur..... leur repos. 25. de ces formes. *Voila à peu pres les fautes que j'ay remarquées dans les mots & dans l'impression. Pour celles des choses, & generalement pour toutes.* Si quid perperam scriptum sit, scriptum ne esto.

www.ingramcontent.com/pod-product-compliance
Ingram Content Group UK Ltd.
Pitfield, Milton Keynes, MK11 3LW, UK
UKHW012222240726
13966UKWH00003B/905

9 782013 539821